A. LAFFOND

DE L'ÉTAT

ESSAI DE CRITIQUE SOCIALE

PARIS

ANCIENNE MAISON CHARLES DOUNIOL

P. TÉQUI, LIB.-ÉDITEUR

29, Rue de Tournon, 29

1902

DE L'ÉTAT

A. LAFFOND

DE L'ÉTAT

ESSAI DE CRITIQUE SOCIALE

PARIS

ANCIENNE MAISON CHARLES DOUNIOL

P. TÉQUI, LIB.-ÉDITEUR

29, Rue de Tournon, 29

1902

PRÉFACE

J'offre au public le résultat d'une vingtaine d'années d'études et de réflexions.

Le littérateur qui parcourrait mon livre
pour se procurer les jouissances que donne
la rhétorique pourrait être déçu. A l'exception de la clarté, je ne me suis préoccupé
d'aucune des autres qualités du style.

Un certain nombre d'idées émises dans
cet ouvrage ne sont pas généralement
reçues aujourd'hui. Je prie le lecteur de
ne pas les accepter parce que je les lui
présente ; et je lui demande de ne pas les
refuser parce qu'elles ne sont pas communément acceptées. Qu'il réfléchisse lui-
même et les accepte ou les refuse, selon
qu'elles lui paraîtront justes ou fausses.

Je serai reconnaissant à ceux qui, après

y avoir réfléchi, me signaleront les lacunes ou les erreurs contenues dans mon livre.

J'étudierai consciencieusement leurs idées et j'en tiendrai compte dans la prochaine édition.

Les lignes qui précèdent indiquent le but que je me suis proposé en écrivant cet ouvrage.

J'ai voulu rendre hommage à la vérité et contribuer au bien du peuple, dans la mesure de mes forces.

Si j'y ai réussi, la Providence m'aura accordé la seule récompense que j'ambitionne pour mon travail.

Ant. LAFFOND.

CHAPITRE PREMIER

De l'origine des devoirs et des droits.

Ce que l'homme, en tant qu'être raisonnable, est obligé de faire ou d'omettre,
s'appelle devoir; la liberté que lui doivent
ses semblables et qui fait qu'ils ne peuvent pas s'opposer en tant qu'êtres raisonnables à ce que l'homme accomplisse son
devoir, constitue pour celui-ci son droit.
De là, au point de vue philosophique, la
corrélation des devoirs et des droits. Le
devoir pour un homme de faire ou d'omettre quelque chose lui donne le droit, ou de
n'être pas empêché de faire cette chose, ou
de n'être pas contraint de la faire.

Considérés au point de vue de leurs
principes et dans ce qu'ils ont de général,
les devoirs et les droits sont éternels, immuables et égaux, en ce sens qu'ils affec-
tent tout être humain par le fait même de
sa nature et lui donnent, en raison même

de son essence, les mêmes droits et les mêmes devoirs quelle que soit l'époque où il vit et la forme du gouvernement de son pays.

Cependant, il n'est pas rare que les citoyens de tel ou tel pays aient légitimement des droits et des devoirs plus ou moins étendus que ceux de tel ou tel autre pays. Cela en raison de leur nature spéciale ou des besoins de leur nation, comme il sera dit en son lieu. Mais ces droits et ces devoirs qui sont secondaires n'existeraient pas, et ne pourraient pas exister, s'ils n'étaient pas basés sur les droits et les devoirs essentiels et propres à tout être humain et n'en étaient pas le corollaire rigoureux.

Qui est l'auteur des devoirs et des droits?

Quel que soit l'auteur des devoirs et des droits, il faut qu'il soit un être intelligent et un être puissant. Puissant, jusqu'à pouvoir ou obliger à l'observance aveugle des devoirs et des droits, ou punir les violateurs, si sa volonté laisse aux hommes la liberté de les enfreindre.

Or, Dieu, et Dieu seul, est l'être assez intelligent et assez puissant pour établir les devoirs et les droits, parce que, seul, il a assez de puissance pour les faire observer.

D'ailleurs, en dehors de Dieu, ce serait le législateur humain qui, en faisant la loi, établirait les devoirs et les droits de l'homme. Que si le législateur humain ne tient pas sa puissance de Dieu, d'où lui vient le droit de commander? De la volonté de ses concitoyens? Et si demain cette volonté change, la puissance législative cessera d'exister. D'ailleurs, si la volonté de chaque citoyen était l'origine de l'obligation de la loi, celle-ci n'obligerait le citoyen que lorsqu'il le voudrait. Mais la loi qui n'oblige que ceux qui veulent s'y soumettre n'est pas une loi Ce n'est donc pas la volonté des citoyens, pas plus que celle du législateur humain qui donnent à la loi sa force d'obliger et sont l'origine des devoirs et des droits.

Il y a des hommes qui affirment que l'émotion esthétique est l'origine des de-

voirs et des droits. La morale, disent-ils,
ne doit pas être basée sur la foi religieuse,
mais sur l'émotion esthétique. Ces hommes
expriment mal leur pensée; ce n'est pas
émotion esthétique qu'il faut dire, mais
émotion morale.

Quand l'être humain se trouve en présence d'un chef-d'œuvre, il en éprouve une
véritable satisfaction. Il compare son idéal
avec le chef-d'œuvre et constate avec plaisir que celui-ci réalise celui-là. Si, au contraire, l'objet d'art ne réalise pas l'idéal,
l'âme en éprouve une souffrance. Cette
satisfaction, ce plaisir, ou cette souffrance,
sont ce qu'on appelle l'émotion esthétique.
Il est évident que cette émotion n'est
causée que quand l'âme perçoit les choses
de l'art : peinture, sculpture, musique, etc.

Si, au lieu d'être causée par les choses
de l'art, l'émotion est causée par les actes
humains, il ne faudra plus l'appeler esthétique, mais émotion morale, car la loi qui
règle les actes humains est appelée loi morale.

Si l'homme éprouve une peine ou un

plaisir à la vue de ses actions ou de celles
de ses semblables, ce n'est que parce qu'il
compare ces actions à l'idéal qu'il a dans
son âme, et sa peine ou son plaisir viennent de ce qu'il constate que ces actions
sont conformes ou contraires à cet idéal.
Or, cet idéal, c'est la morale. L'émotion
morale a donc pour cause la perception de
la conformité ou de la dissemblance de
l'acte humain avec la loi morale. Donc,
l'émotion morale présuppose la loi morale.
Il est donc faux de dire quelle est cette loi,
et par conséquent quelle est l'origine des
devoirs et des droits.

On ne peut pas dire non plus que c'est la
puissance humaine qui est l'origine des devoirs et des droits. Si la puissance humaine
les établissait, ceux-ci changeraient toutes
les fois que celle-là serait déplacée. Les
faibles seraient à la merci des forts, qui en
useraient au gré de leurs intérêts ou de
leurs caprices. Aucun homme ne serait
innocent, si plus fort que lui voulait qu'il
fût coupable. Cette théorie engendrerait
dans la pratique une perpétuelle révolu-

tion, une série non interrompue de meur-
tres et de crimes commis pour affermir
ou pour détruire le pouvoir origine du
droit.

D'ailleurs si le pouvoir humain était l'origine du droit toutes les fois que l'homme
pourrait échapper à ce pouvoir, le droit
n'existerait plus. Le même acte serait légitime ou illégitime, non plus à cause de son
essence, mais à cause des circonstances qui
l'accompagneraient, et il arriverait cette
chose bizarre qu'on ne pourrait juger la
moralité de certains actes humains que
bien longtemps après qu'ils auraient été
accomplis.

Si un homme tuait son semblable sans
être vu et que quelques jours après un professeur de droit fût appelé à donner son
avis, si l'assassinat commis a oui ou non
été un crime, il ne pourrait pas faire de
réponse certaine, parce que la moralité de
l'acte serait subordonnée à la découverte
de l'assassin. Et si celui-ci était découvert
seulement le lendemain du jour où commence la prescription, il ne serait pas cou-

pable. Toutefois il l'aurait été s'il avait été découvert un jour plus tôt.

Enfin, si la puissance humaine était l'origine première des devoirs et des droits, il n'y aurait pas de différence entre le gouvernement équitable et la tyrannie, la loi juste et la loi injuste. C'est à cause de cela que les législateurs anciens, à l'unanimité, et presque tous les modernes, ont étayé la loi sur la divinité. De nos jours, il faut le reconnaître, l'État français fait profession d'athéisme; les hommes qui composent la majorité des législateurs de ce pays ne croient pas en Dieu, à ce qu'ils disent. La loi française est par ce fait frappée de nullité. Ces législateurs funestes ne voient pas qu'ils sont le jouet des juifs, origine de la Maçonnerie, qui est entre leurs mains une puissance aveugle. Si Dieu ne se laisse pas fléchir et ne pardonne pas à cette noble et malheureuse nation, elle donnera au monde, bientôt peut-être, le désolant spectacle d'une race d'hommes dégradés et qui n'a plus pour son maître, le juif, ni droits ni devoirs, ainsi que les bêtes de somme, auxquelles il l'aura entièrement assimilée.

La puissance législative humaine est donc basée uniquement sur la puissance divine. De là, cette conséquence rigoureuse : que la puissance humaine ne peut commander que dans les choses où Dieu le lui permet, en la forme, et jusqu'aux limites posées par la volonté sainte du Créateur.

CHAPITRE II

Origine et spécification de la Société.

Si l'homme pouvait, sans le secours d'autrui, protéger tous ses droits et accomplir tous ses devoirs, il n'aurait pas besoin de la société et ne deviendrait membre d'aucune. L'homme, s'il pouvait se suffire à lui-même sans le secours d'aucune société, aurait une personnalité plus parfaite et plus indépendante et ne serait pas soumis aux charges qui pèsent nécessairement sur tout membre d'une société quelconque.

La pratique universelle confirme cette vérité. On ne voit pas, en effet, un homme totalement dépourvu des biens de ce monde faire partie des sociétés financières ou industrielles ; un millionnaire faire partie de la confrérie des gens qui demandent l'aumône ; un illettré membre de l'Académie française.

La raison en est que l'homme, dépourvu des biens de ce monde, n'a que faire d'une société qui fait valoir des capitaux; que le millionnaire n'a pas besoin de demander l'aumône; et que l'ignorant ne s'inquiète en aucune façon des travaux des immortels.

Cependant, il n'est pas rare de voir des personnes qui n'ont pas besoin d'une société en faire partie à titre de membres honoraires. Mais chacun sait que celui qui est membre honoraire d'une société n'a aucun droit ni aucun devoir vis-à-vis de la société qui lui a donné ce titre.

C'est ainsi que dans les sociétés de secours mutuels on donne le titre de membres honoraires aux personnes riches et généreuses qui versent chaque année une somme plus ou moins considérable dans les caisses de la société. Cela ne donne à ces personnes ni le droit d'administrer la société, ni celui d'en être secourues; ce qui prouve qu'elles n'en sont pas véritablement les membres.

On ne peut donc pas arguer de ce qu'un grand nombre de sociétés ont des membres honoraires, qu'il y a des sociétés dont certaines personnes font partie sans en avoir besoin. L'explication qui vient d'être donnée prouve que les membres honoraires ne font pas partie des sociétés.

Donc, la société est faite pour l'homme et non pas l'homme pour la société. C'est-à-dire qu'il est de l'essence de celle-ci d'aider l'homme à atteindre un but.

Il ne faut donc pas entendre cette phrase : « L'homme est fait pour la société », en ce sens que l'homme doit vivre pour servir à la société. Mais, en ce sens, que l'homme ne peut pas se passer de la société, parce que sa nature ne lui permet pas de se suffire à lui-même et qu'il doit avoir recours à la société, non pas seulement pour perfectionner ses facultés, mais encore pour protéger et conserver son existence.

Donc, tous ses droits que l'homme pourra protéger et tous ses devoirs qu'il pourra accomplir sans le secours de la société ne peuvent, en aucun cas, lui être enlevés et tomber dans le domaine de la société. Que si cette dernière se les attri-

buait ou les exerçait, en entravait le libre
exercice ou les contrariait en quelque manière que ce soit, elle commettrait un abus
de pouvoir et tomberait dans la tyrannie.

Donc, la société n'a que deux sortes de
droits et de devoirs : 1° ceux qui sont
nécessaires à sa conservation et à son développement en tant que société ; 2° ceux
que les sociétaires lui transmettent, parce
qu'ils ne peuvent les exercer ou les accomplir eux-mêmes.

Il ne faut pas conclure de ce qui précède
que tous les droits et tous les devoirs que
l'homme ne peut pas exercer tombent nécessairement dans le domaine de la société.
Il faut que l'homme veuille céder ses devoirs et ses droits à la société, et, de plus,
qu'il le puisse faire ; et pour cela, il est
absolument requis que ces devoirs et ces
droits ne soient pas strictement personnels.

Les hommes n'ont pas des devoirs et
des droits égaux, à cause de leur position
en ce monde et même à cause de leurs
aptitudes spéciales. De plus, l'homme n'est

pas obligé de faire valoir tous ses droits. D'ailleurs, il y a des droits que certains hommes peuvent faire valoir, et des devoirs qu'ils peuvent accomplir sans le secours de la société ; tandis que certains autres ne le peuvent pas. D'où l'on doit conclure qu'il devra y avoir nécessairement, parmi les hommes, plusieurs sociétés, et que chaque société aura pour essence d'atteindre un but spécial. C'est par son but que la société sera placée dans son être propre et particulier ; et distincte par là même de toute autre société.

Chaque société aura donc nécessairement un but distinct et unique, en ce sens que chaque société ne doit se proposer qu'une chose principale. De sorte que sa sphère d'action devra se borner à cette chose principale et à celles qui en découlent si nécessairement que, sans elles, la chose principale, qui est le but de la société, ne pourrait pas être atteinte. Car, si la société avait pour but deux choses principales, il n'y aurait pas une société, mais deux sociétés.

Si un certain nombre d'hommes se réunissaient pour étudier l'archéologie et pour faire valoir des capitaux, ils formeraient deux sociétés bien distinctes; ces deux sociétés auraient cependant cette particularité assez rare que les membres de l'une seraient en même temps membres de l'autre.

La première et la plus parfaite des sociétés est celle qui résulte du mariage. Elle forme la société appelée famille. Après elle vient la cité; en France, la commune, qui est la seconde des sociétés; puis vient la province et enfin l'État.

Chacune de ces sociétés a des droits et des devoirs en dehors de ceux de sa conservation et de son développement. La famille possède tous les droits et les devoirs qu'elle peut accomplir et que les époux ne peuvent pas exercer séparément.

Les droits et les devoirs qui échappent à la famille, parce qu'elle ne peut pas les exercer ou accomplir, tombent dans le domaine de la cité; ceux qui échappent à celle-ci tombent dans le domaine de la province et ceux qui échappent à la province deviennent la propriété de l'Etat. Car si la société du mariage suffisait à l'homme, à l'exclusion des autres, celles-ci n'auraient pas leur raison d'être.

Donc, la cité n'existe que parce que la société du mariage est insuffisante; la province que parce que la cité l'est encore; l'Etat, que parce que la province l'est à son tour.

Il est évident que les diverses sociétés dont il vient d'être question, à savoir : la cité, la province et l'Etat, sont exclusivement pour la protection des droits et des devoirs qu'on pourrait appeler civils.

L'homme, pour la protection de ses autres droits et l'exercice de ses autres devoirs, doit avoir recours à d'autres sociétés: aux sociétés financières, pour faire valoir ses capitaux; aux sociétés savantes, pour la perfection des facultés de son âme ; à la société religieuse pour l'accomplissement de ses devoirs envers Dieu et d'un certain nombre de ses devoirs envers les hommes.

Ces différentes sociétés existent de droit

naturel; elles sont par là même indépendantes de l'État, qui n'a sur elles que le
droit de surveillance, pour les empêcher
de devenir des sociétés malfaisantes. Si
ces sociétés changaient leur but, et que
celui-ci ne fût point immoral ou pervers,
mais seulement différent de celui poursuivi par la société, l'État n'aurait pas à
s'en préoccuper; il n'a aucune puissance
pour empêcher cette transformation, puisque de droit naturel les différents membres
qui forment une société ont le droit d'en
former une autre quelle qu'elle soit
pourvu que son but ne soit pas mauvais.

Il arrive souvent que l'État fait certaines
choses qui sont du domaine d'une autre
société; dans ce cas, l'État fait mal, parce
qu'il change son rôle, et de société générale, il devient société particulière. En
cessant d'être État pour devenir société particulière il tyrannise ordinairement un certain nombre de citoyens, enlève la liberté
et quelquefois l'existence aux sociétés qui
ont le même but et sème les ferments de

discorde qui compromettent sa sécurité et autorisent les révolutions.

Il est bon de remarquer qu'il y a des droits et des devoirs qui échappent à toute société : ce sont ceux qui ont été appelés personnels un peu plus haut. Parmi ces droits, il y en a qui échappent même à la masse des individus et que l'homme en général ne peut pas exercer parce qu'il ne les possède qu'*en puissance*, comme disent les philosophes. On peut citer, parmi ces droits *en puissance* que tout homme possède, celui d'être le plus riche citoyen du globe. Chacun a le droit d'être ce citoyen, mais il n'y en à qu'un qui le soit de fait. Pour le reste des humains, ce droit n'est qu'un droit en puissance.

Pour exprimer en moins de mots ce qui vient d'être expliqué, on peut dire : qu'il faut que l'État soit protecteur et non pas Providence.

Ce qui précède sur la spécification de la société est très important, parce que c'est de la fin ou du but que chaque société se propose que découlent uniquement ses devoirs ou ses droits et que c'est à la confusion des devoirs et des droits de chaque société que nous devons le malaise qui nous étreint, et cette haine d'homme à homme et de classe à classe qui causera dans un temps peu éloigné peut-être de sanglantes catastrophes.

Donc, si les hommes se réunissent en société pour se rendre possible ou simplement plus commode la protection de leurs droits et l'accomplissement de leurs devoirs, le droit de s'associer, pour l'homme, est aussi étendu que ses devoirs et ses droits. Personne ne peut s'opposer à ce qu'il s'associe pour la protection de chacun de ses droits ou l'accomplissement de chacun de ses devoirs. Et comme il est le maître absolu de la façon dont il exerce ses droits et de celle dont il accomplit ses devoirs, et que personne ne peut lui demander compte de la façon dont il le fait, il en sera de même de la société. Celle-ci pourra atteindre son but au gré de ses membres et en la manière qu'ils le voudront; car si un homme peut exercer ses droits et accomplir ses devoirs comme il lui plait, dix hommes réunis, c'est-à-dire une société, pourront exercer leurs droits et accomplir leur devoirs pareillement comme il leur plait.

L'homme à donc le droit de s'associer et ce droit est aussi étendu que ses devoirs et ses droits. Son droit de s'associer ne cesse que lorsque le but de l'association est mauvais. La société qui a pour but le mal est la seule qui n'ait pas le droit d'exister. Tous ceux qui ont puissance pour détruire le mal sont tenus de dissoudre les sociétés qui ont un but mauvais. Puisque la société n'existe que pour aider l'homme dans l'accomplissement de ses devoirs ou l'exercice de ses droits, toutes les fois que l'homme n'a pas un devoir à accomplir ou un droit à exercer, il ne peut pas se mettre en société ; or, chacun sait que l'homme n'eut jamais le droit, ni à plus forte raison le devoir, de faire le mal.

Le droit d'exister pour une société entraîne nécessairement celui de posséder et celui d'administrer ses biens.

Il sera démontré au chapitre de la propriété, qu'elle est légitime, et que le droit de posséder entraine celui d'user et même d'abuser de la chose dont on est le maître.

Les citoyens peuvent donc transmettre à la société leur droit de posséder tel ou tel objet; il n'y a de leur côté aucun empêchement et comme il n'y en a pas non plus du côté de la société, cette dernière a le droit de posséder.

Bien plus, ce droit est une nécesité, car il est nécessaire qu'une société qui a le droit de vivre ait celui d'avoir ce qui est nécessaire à son existence, autrement elle ne pourrait pas exister et son droit de vivre serait tout à fait illusoire.

Parce que toutes les sociétés ont besoin d'être propriétaires pour vivre, il s'ensuit qu'elles ont toutes le droit de posséder.

Ce droit de posséder qu'ont toutes les sociétés ne s'étend pas seulement aux choses indispensables à leur existence, mais encore aux choses utiles et même au superflu.

Aux choses utiles, parce que les sociétés ont le droit d'acquérir leur développement le plus parfait et que ce développement ne peut être acquis que par la possession des choses utiles pour y parvenir.

Au superflu, car le droit de posséder qu'ont les sociétés est le même que celui des sociétaires. En effet, si un homme a le droit de posséder du superflu, dix hommes, c'est-à-dire une société, ont le droit de posséder du superflu.

Le droit de posséder qu'ont les sociétés n'a de limites que le bien des citoyens qui leur sont étrangers. Si les biens d'une société devenaient une cause de désordres publics ou un mal pour le peuple, cette société n'aurait pas le droit de les posséder. L'hypothèse est peut-être chimérique ; de fait, il est certain que les biens d'aucune société n'ont été une cause de désordres publics, ni un mal pour le peuple.

Il n'est pas besoin de faire remarquer que si un particulier possédait des biens, qui fussent une cause de désordres publics ou un mal pour le peuple, il n'aurait, pas

plus que les sociétés, le droit de les posséder.

Il va sans dire que les biens dont il s'agit
doivent être cause véritable de désordres
publics ou de mal pour le peuple. Il ne
faut pas confondre ces désordres et ce mal
avec ceux qui peuvent avoir lieu à l'occasion de ces biens et dont la cause véritable
serait la cupidité des citoyens et la haine
ou les passions populaires.

Cette réflexion qu'il eût été bon de faire
en tout temps doit être faite surtout à notre époque, où ceux qui possèdent sont
considérés comme l'ennemi par les prolétaires.

Sans doute, les exactions de la haute
Banque et les rapines perpétuelles des
financiers ont fait naitre pour les citoyens
le droit et le devoir de travailler à la disparition d'un grand nombre de fortunes
princières; mais ces fortunes doivent disparaître, non pas parce qu'elles constituent
une agglomération fabuleuse de richesses,
mais parce que, produits du vol et de la rapine, elles sont un mal pour la nation sur

laquelle elles attirent les colères et les vengeances divines.

Quelques sociétés ont pour but de se procurer les marchandises en assez grande quantité pour peser sur le cours et les revendre ensuite au-dessus de leur valeur réelle et marchande. Ces sociétés sont appelées sociétés d'accaparement. Le but qu'elles se proposent est mauvais; elles doivent être dissoutes et l'argent rentrer dans les coffres des actionnaires.

Cependant, elles ne sont pas mauvaises à cause de leurs capitaux, mais à cause de l'usage qu'elles font de leur argent. Les sociétés d'accaparement ne prouvent pas que les sociétés n'ont pas le droit de posséder; pas plus que l'accaparement fait par un particulier ne prouve que les particuliers n'ont pas le droit de posséder.

De même que l'État n'a pas le droit de confisquer les biens d'un particulier quand il s'en sert pour accaparer une denrée, mais le devoir de l'empêcher de faire l'accaparement qu'il projette ou de le punir s'il l'a déjà accompli, de même il n'a pas le droit de confisquer les biens d'une société qui veut accaparer ou qui accapare, mais le devoir de l'empêcher de faire l'accaparement.

Si une société se fonde dans le but unique de faire des accaparements et qu'elle soit empêchée de les faire, elle se dissoudra naturellement et sans que l'État ait à en prononcer la dissolution.

Le droit de posséder entraîne pour la société celui d'administrer les biens qu'elle possède.

A ce point de vue, il y a en France deux sortes de sociétés bien distinctes, les sociétés financières et celles dont le but principal n'est pas le maniement ou le rapport des capitaux; de ce genre sont les sociétés religieuses, de bienfaisance, savantes, littéraires, etc.

En ce qui concerne les sociétés financières, on a fait des lois pour protéger les bailleurs de fonds, actionnaires ou obligataires, contre la rapacité des administrateurs.

Il n'est pas nécessaire d'étudier la valeur de ces lois en détail. Il suffit de dire qu'elles n'ont pu empêcher ni l'emprunt du Honduras, ni le Panama, ni les innombrables déconfitures qui feront connaître notre époque dans l'histoire sous le nom de l'âge du vol et du brigandage selon la loi.

Peut-être faut-il faire cette décevante réflexion, que les lois ne valent que la valeur de ceux qui les appliquent et de ceux pour qui elles sont faites. Il sera démontré, au chapitre de la loi, que les gendarmes et les juges sont impuissants à la faire observer dans un pays qui n'a plus le respect ni la crainte de Dieu.

Pour ce qui est des sociétés qui ne sont pas financières, la loi leur accorde de posséder, mais en les mettant sous un régime spécial; elle considère ces sociétés comme mineures et les place sous la tutelle de l'État.

L'ensemble des lois qui régissent ces sociétés font qu'elles peuvent user des revenus, mais qu'elles ne peuvent toucher au capital sans l'intervention expresse du gouvernement.

Ainsi, aucune de ces sociétés ne peut

augmenter, diminuer ou déplacer ses biens sans l'autorisation préalable de l'Etat.

Ces dispositions font qu'en réalité les sociétés ne sont pas propriétaires de leurs biens; elles n'en ont que l'usufruit; le véritable propriétaire, c'est l'Etat.

Il est évident que cela est contraire au droit naturel qui reconnait à toute société le droit de posséder; d'ailleurs, si la société prise comme telle n'avait pas ce droit, l'Etat, qui n'est qu'une société, ne l'aurait pas non plus.

Cependant, les sociétés ont quelques avantages à être traitées comme mineures; ainsi on ne peut pas prescrire contre elles. Mais on pourrait leur accorder ces avantages s'ils leur sont jugés nécessaires ou utiles, sans leur infliger les inconvénients de la tutelle.

En pratique, chaque société peut disposer de ses biens avec l'assentiment de l'Etat; cet assentiment n'est jamais refusé aux amis du personnel au pouvoir; mais il est toujours refusé aux sociétés que le gouvernement déteste; il leur refuse même la liberté d'hériter.

Ce sont les citoyens les moins riches et les moins puissants qui ont le plus besoin de s'associer. Leur faiblesse les oblige forcément à se réunir pour accomplir certains devoirs ou protéger certains droits, que les autres citoyens plus puissants ou plus fortunés peuvent défendre ou exercer sans le secours d'autrui.

CHAPITRE III

De la Liberté et de l'Egalité.

Il est inutile de rapporter ici tout ce que les philosophes disent touchant la liberté et ses espèces différentes, parce que nous ne devons nous occuper que de la liberté sociale. Il faut cependant faire remarquer que celle-ci a pour base la liberté de l'être humain, que les philosophes ont coutume de définir le pouvoir qu'a l'homme de vouloir ou de ne pas vouloir une chose, liberté qu'on appelle communément : libre arbitre.

De nos jours, on confond souvent la liberté sociale avec l'indépendance. Peut-être ne serait-il pas présomptueux d'affirmer que la plupart de ceux qui chantent l'hymne patriotique où se trouvent ces mots : « Liberté, liberté chérie, combats avec tes défenseurs », ne mettent aucune différence entre la liberté et l'indépendance. Le grand nombre de ceux qui ont pour devise : « Ni Dieu, ni maître », confondent probablement aussi la liberté avec l'indépendance.

Parmi les êtres créés et libres, aucun n'est indépendant. L'homme, en ce qui le concerne, est dépendant de Dieu. Sans doute, il pourra enfreindre les ordres de sa volonté souveraine, mais il en sera puni quelquefois en ce monde, toujours en l'autre, s'il n'a pas obtenu de la bonté divine le pardon de sa désobéissance. L'homme dépend des éléments qui représentent les ordres de la Providence ; il dépend encore de son corps, en tant que ce dernier est une machine à laquelle il est obligé de fournir les choses nécessaires à son fonctionnement, et cela sous des peines qui vont de la légère indisposition à la mort. De plus, il est quelquefois obligé de lutter pour ne pas accorder à son corps des excès qu'il réclame quelquefois avec une impétuosité barbare. S'il a le malheur de lâcher la bride aux instincts pervers, s'il ne résiste pas à ses passions de quelque genre qu'elles soient, la machine, surchauffée, tombera bientôt en ruines, et à vingt ans, vieillard décrépit, l'homme penchera tristement son corps vers la terre et donnera le lamentable spectacle d'une vie usée, au moment où elle devrait être à peine au commencement de la plénitude de la vigueur et de la force.

Dépendant de Dieu au point de vue moral et physique; dépendant de son corps dont il est quelquefois malheureusement l'esclave, l'homme dépend encore de ses semblables. Il dépend de ses parents dans sa jeunesse, et en tout temps de ses fournisseurs. S'il plaisait à ceux-ci de faire une grève générale, le grand nombre des hommes disparaîtrait de la terre et ceux qui survivraient au cataclysme seraient plus misérables que ne l'a jamais été aucun être humain.

Il n'est donc pas possible de confondre l'indépendance avec la liberté. Il faut même dire que ce n'est pas l'indépendance, mais la dépendance de l'homme vis-à-vis de Dieu qui est la cause de toutes les libertés humaines et par conséquent de la liberté civile.

Si l'homme n'avait ni droits ni devoirs, il n'aurait pas de liberté, car tout le monde pourrait l'empêcher de faire une chose s'il n'avait pas le droit ou le devoir de la faire. Or, les droits et les devoirs viennent de Dieu (chap. 1). Il s'ensuit que sa dépendance à l'égard de Dieu est l'origine de sa liberté. De plus, comme l'homme ne se réunit en société que pour se procurer le pouvoir, ou une facilité plus grande d'accomplir ses devoirs et d'exercer ses droits, chaque société, en ce qui la concerne, a pour devoir de protéger et de rendre plus facile au citoyen l'usage de ses droits et l'accomplissement de ses devoirs.

Il résulte, de ce qui vient d'être dit que l'État n'a pas le droit de défendre ou d'ordonner à sa guise. Il n'a le droit de défendre que ce qui entraverait la liberté du citoyen et d'ordonner que ce qui est nécessaire ou très utile pour l'usage de cette liberté. Remarquons que, parmi ces choses nécessaires ou utiles, il faut compter ce dont l'Etat a besoin pour exister, en tant que protecteur de la liberté civile.

En France, le mot Liberté se trouve un peu partout. Le garde-champêtre commence un procès-verbal par ce mot, qui se trouve à la place d'honneur dans les écrits ministériels ou du chef de l'Etat. Le mot Liberté se trouve au sommet des monuments nationaux, et dans les fêtes patriotiques ce mot brille en lettres de feu aux angles des places et aux coins des rues. Si le citoyen a un sou dans sa poche, il y a en même temps le mot de Liberté.

Le mot est partout, mais la chose n'est pas si commune, et personne ne l'a jamais rencontrée au beau pays de France. Le citoyen français n'est pas libre de marcher dans la rue, puisque les processions sont interdites et que faire une procession, c'est marcher dans la rue. Il n'est pas libre de dormir sur le banc d'une promenade, la nuit venue. Il n'est pas libre de ne rien posséder, la loi lui impose un domicile. Il n'est pas libre de se réunir en société religieuse ou civile ; si le pouvoir le lui permet quelquefois et par exception, il ne le laisse pas administrer lui-même les biens de la société dont il fait partie. Il n'est pas libre d'ouvrir une école ou d'être professeur. Il n'est pas libre de vendre des remèdes ou de soigner des malades en qualité de médecin. Il n'est pas libre de défendre lui-même sa cause devant le juge qui lui impose un avoué. Il n'est pas libre d'envoyer ses lettres par qui bon lui semble. Il n'est pas libre de demander l'aumône. Il n'est pas libre de disposer de ses biens par testament. Or, la confiscation de ces libertés n'est pas autorisée par le respect de la liberté d'autrui ; elle ne s'explique que par le césarisme maladroit et tyrannique du pouvoir.

Un pays qui a supprimé presque toutes les libertés est un pays où il doit y avoir beaucoup d'abus. C'est le cas de la France. Le trésor public pille les citoyens sous le prétexte de l'impôt, pendant que les puissants de la bourse le pillent aussi sous le nom de spéculation. Les faibles sont tyrannisés par les hommes au pouvoir et par leurs amis; et notre civilisation a reculé jusques aux temps barbares qui suivent les hécatombes humaines de Marius, de Sylla, d'Antoine et d'Octave; temps où les juges menaçaient leurs ennemis de sentences injustes et iniques : *Grande malum Turius si quis se judice certet.*

Il arrive quelquefois que les citoyens veulent user en même temps de la même liberté et que l'usage de la liberté de l'un exclut l'usage de la liberté de l'autre. Il y a pour ainsi dire conflit dans l'usage de deux libertés, comme il arrive, par exemple, à deux cochers débouchant ensemble en un point où un seul véhicule peut passer. Lequel des deux cochers devra passer le premier? Ordinairement, c'est le plus fou qui prend la préséance. Il fut un temps où les cochers parlementaient. On conte que le cocher de Monsieur le marquis de Pontchartrain rencontra un jour celui de Monseigneur le cardinal de Clermont-Tonnerre, dans une rue de Rome où il n'y avait passage que pour un. Le cocher de Monsieur le marquis crut devoir réclamer la préséance et dit d'une manière un peu trop aristocratique : « Je porte Monsieur le marquis de Pontchartrain. » A quoi son confrère, vexé, répondit : « Je me moque de ton Pont, de ton Char, et de ton Train ; je porte le Tonnerre. » Le carrosse du cardinal passa le premier.

Il appartient à la loi de régler l'usage de la liberté quand il y a conflit. Elle le fait pour le grand nombre des cas. Ainsi, elle ordonne aux véhicules qui marchent sur les routes publiques de se tenir à droite de la la chaussée, etc. Les compagnies de chemin de fer ont réglé la marche des trains de manière à éviter leur rencontre sur les voies uniques et aux passages à niveau. Les mécaniciens y perdent de leur liberté ; mais ce que les voyageurs y gagnent en sécurité compense, avec une surabondance incomparable, ce que les mécaniciens y perdent de liberté.

Ces conflits, dans l'usage de la liberté, sont plus fréquents qu'il n'y paraît au premier abord. « En jouant du piano toute la nuit, disait le tisserand à son voisin l'artiste, vous m'empêchez de dormir. Vous avez, je le reconnais, la liberté de jouer du piano, mais j'ai aussi celle de dormir ; si vous m'en empêchez par votre tapage, ce qui est une liberté pour vous, devient pour moi une tyrannie. » L'artiste, répondit : « Je vous dirai pareillement que si, dès trois heures du matin, vous fabriquez de la toile, vous m'empêchez de dormir, et que votre liberté de tisser devient pour moi une tyrannie. » L'artiste et le tisserand convinrent : le premier, de ne pas jouer du piano si tard, et le second, de ne pas tisser de si bon matin ; ils tinrent parole et l'usage de la liberté de l'un ne fut plus une tyrannie pour l'autre.

Lorsque la loi n'a pas prévu le cas particulier où il y a conflit dans l'usage de deux libertés, il appartient aux parties intéressées de se faire de mutuelles concessions et d'user de la liberté aux moments où cet usage n'est pas tyrannique. On y perd quelque peu de sa liberté, mais on y gagne la paix, ce bien qu'on achète souvent au péril de la vie de bien des hommes et qu'il serait déraisonnable de ne pas acquérir en se privant de l'usage momentané d'une liberté.

Toutes les fois qu'il y a conflit pour l'usage de deux libertés d'importance différente, il est évident que c'est l'usage de la liberté la plus importante qui doit l'emporter sur l'autre. Et comme la liberté humaine n'est basée que sur nos devoirs et nos droits et que nous n'avons de liberté que pour user des uns ou accomplir les autres, la préséance des devoirs ou des droits (chap. 1) réglera la préséance de l'usage de la liberté. Ainsi, quand l'usage d'une liberté sera basé sur un droit ou, un devoir supérieur à celui qui autorisera l'usage d'une autre liberté, l'usage de la liberté, basé sur un devoir ou un droit supérieur, aura la préséance, toutes choses égales d'ailleurs.

Nous sommes tellement habitués à unir dans notre esprit, par le fait de la formule, les idées de liberté et d'égalité, qu'il est difficile de s'occuper de l'une sans s'occuper en même temps de l'autre.

L'égalité n'existe pas dans la nature. Les

montagnes ne sont pas toutes d'égale hauteur. Les fleuves ne roulent pas tous une égale quantité d'eau. Les terres ne produisent pas toutes les mêmes récoltes; elles ne sont pas également fertiles. Le soleil ne nous échauffe pas chaque jour également. Les vents ne soufflent pas toujours avec la même violence ou la même impétuosité.

Les hommes n'ont pas tous la même valeur morale, ni une intelligence égale, ni une volonté également ferme. Les uns sont plus forts musculairement que les autres. Ceux-ci ont des formes agréables, tandis que ceux-là laissent à désirer. On en trouve parmi eux qui sont bossus, aveugles ou boiteux. Comparé à lui-même, l'homme n'est par toujours égal; il est faible à sa naissance, puissant à l'âge mûr et décrépit dans sa vieillesse.

Si Dieu a établi les choses ainsi, c'est qu'il est impossible que l'égalité existe à aucun point de vue, celui du respect de la liberté des êtres raisonnables excepté. Toutes les fois qu'une chose fait partie d'un tout et qu'elle conserve son entité particulière, comme le fait par exemple une pierre dans une construction, il faut nécessairement que cette chose soit placée dans un état de supériorité ou d'infériorité, et, la plupart du temps, dans ces deux états à la fois, par rapport aux autres choses qui concourent à la formation de ce tout. Il y a bien longtemps déjà que Ménénius Agrippa fit entendre cette vérité au peuple romain, en lui contant l'apologue : les membres et l'estomac.

On pourrait continuer l'apologue et dire que si un membre n'accepte pas les bons offices de l'estomac, le corps souffre; et si le membre est principal, comme la tête, le corps cesse d'exister. Le résultat est le même si, au lieu d'être le membre qui refuse les bons offices de l'estomac, c'est celui-ci qui refuse au membre ce dont il a besoin.

Ainsi l'égalité, telle qu'on l'entend ordinairement et d'après laquelle tous les êtres humains auraient les mêmes avantages sur cette terre, est une utopie.

Ce n'est que lorsque les hommes sont

devenus poussière, qu'ils sont presque égaux dans ce qui fut autrefois leur corps. Leur supériorité ou leur infériorité n'existe presque plus que dans leurs âmes. Il n'y a plus dans leur sépulcre qu'une différence de quantité, mais la matière est la même, la forme est identique, et la différence de ce qui fut deux corps au point de vue de la quantité est elle-même fort peu de chose.

L'égalité absolue n'existe que dans le néant. Encore est-ce une manière de parler tout à fait impropre. Car on ne peut pas dire, au point de vue logique, que rien égale rien. Avant d'affirmer que rien est égal, plus grand ou plus petit, il faudrait que rien existât; dès qu'une chose participe à l'être, elle y participe plus ou moins, de telle ou telle manière; de là les sources de l'inégalité.

Ainsi, les hommes ne sont pas égaux; ils ne peuvent l'être au point de vue social, pas plus qu'à une autre point de vue. Il n'est pas possible que dans la cité tout le monde soit maire, ni préfet dans le département, ni chef d'État dans la nation. Cependant il est une égalité qui devrait exister dans chaque nation indépendamment de la forme de son gouvernement, c'est l'égalité des citoyens devant la loi. Celle-ci, en effet, est la sauvegarde des droits et des devoirs de tous, et elle ne peut atteindre sa fin qu'en faisant respecter les droits et les devoirs de chacun, sans acception de personnes.

On peut trouver dans les nations à institutions démocratiques, une autre sorte d'égalité, celle qui consiste dans l'absence de privilèges. C'est grâce à cette égalité que les citoyens peuvent aspirer aux différentes charges de l'Etat, soit civiles, soit militaires. C'est grâce à cette égalité encore que les citoyens sont égaux devant l'impôt qu'ils payent en proportion de leurs biens.

On peut discuter et on discutera longtemps, si l'absence des privilèges est utile ou nuisible à la nation. Il y a de graves raisons pour et contre, et la question ne paraît pas près d'être tranchée, d'autant que la théorie toute seule n'est pas suffisante à donner les éléments nécessaires pour la dirimer. La question des privilèges est bien moins du domaine de l'absolu que de celui de l'expérience humaine. Pour faire cette expérience, il faut tenir compte du caractère national et des besoins du peuple, deux choses qui changent avec le temps et selon les circonstances. Il semble que l'histoire devrait être d'un grand secours pour l'étude de cette question ; malheureusement elle n'y peut rien, parce que tous les peuples ont admis les privilèges.

En France, les privilèges furent abolis, il y a un peu plus d'un siècle, dans la fameuse nuit du 10 août. Cependant, il y a encore dans notre pays beaucoup de privilèges. Les députés ont celui de voyager gratuitement. Un grand nombre de citoyens sont pensionnés par privilège. Les bureaux de tabac et les perceptions sont donnés par privilège. Les bourses gouvernementales et les faveurs de l'Etat pour certaines écoles sont des privilèges. La plupart des fonctionnaires, non pas seulement ceux qui vivent de la vie des ministres, comme les préfets, mais ceux qui occupent des fonctions qui constituent ce qu'on appelle une carrière sont nommés par privilège.

Les privilèges de notre pays ont cela de particulier qu'ils sont injustes, que rien ne les justifie, les passions politiques exceptées. Les privilèges qui sont la récompense de services rendus à l'État sont la très rare exception; presque tous sont accordés en échange de services électoraux. Or, si le lecteur veut se souvenir que déjà depuis longtemps les élections sont faites en vue de faire triompher non pas les principes de la justice et de l'équité, mais une catégorie de gens qui oppriment de plus en plus leurs concitoyens, il verra que si l'on peut légitimer les privilèges en général, la plupart de ceux qui existent en France sont nuisibles à la nation.

L'égalité devant la loi n'existe que dans le Code. Si, par aventure, un malheureux citoyen plaide contre un ami du pouvoir ou un électeur influent, il verra ce que le juge fait de cette égalité; son procès lui fournira la malheureuse occasion de constater qu'elle n'existe pas et que les balances de la justice sont fabriquées par un faussaire.

De ce qui vient d'être dit, il résulte : que la liberté au point de vue civil consiste dans la protection accordée par l'Etat au citoyen afin qu'il puisse user de ses droits et accomplir ses devoirs ; et que l'égalité consiste en ce que l'Etat accorde sans acception de personnes à chaque citoyen une égale protection pour qu'il puisse user de ses droits et accomplir ses devoirs.

CHAPITRE IV

De la Loi.

Celui ou ceux qui ont pour mission de protéger les citoyens dans l'exercice de leurs droits et l'accomplissement de leurs devoirs, constituent ce qu'on appelle dans un Etat : le pouvoir.

Si le pouvoir est entre les mains d'un seul, l'Etat est sous le régime monarchique.

Si le pouvoir est entre les mains de plusieurs, l'Etat est sous le régime oligarchique.

Si le pouvoir est entre les mains du peuple, l'Etat est sous le régime démocratique.

Dans ce dernier cas, le peuple n'exerce pas ordinairement lui-même le pouvoir; il nomme des représentants qui l'exercent pendant une période fixe d'années à sa place et en son nom.

Ainsi, l'État peut être : monarchique, oli-garchique ou démocratique. Le pouvoir ne peut pas se présenter sous d'autres for-mes.

On a inventé, de nos jours, la monarchie dite tempérée, c'est-à-dire la monarchie qui gouverne avec les élus de la nation. Les élus possédant seuls le pouvoir légis-latif.

La formule de la monarchie tempérée est : Le roi règne et ne gouverne pas. Or, régner, c'est gouverner. En remplaçant, dans la formule du gouvernement tempéré, les paroles : le roi règne, par leur équi-valent : le roi gouverne, cette formule devient : le roi gouverne et ne gouverne pas.

Je laisse aux partisans de la monarchie tempérée le soin d'expliquer ce qu'en veut dire la formule.

Tout pouvoir vient de Dieu. Saint Paul l'enseigne expressément : *Il n'y a pas de puissance qui ne vienne de Dieu.* (Rom., XIII-1.) *Elle (la puissance) est le ministre de Dieu pour ton bien.* (Rom., XIII-4.) Salomon n'est pas moins formel que l'Apôtre. *Par moi (la sagesse éternelle) règnent les rois et les législateurs font les lois justes. — Par moi commandent les princes et les puissants rendent la justice.* (Prov., VIII, 15 et 16.) La raison confirme ces données de l'Ecriture. Dieu est l'unique principe de nos devoirs et de nos droits, et par là même l'unique protecteur. Tous ceux qui ont pour mission de protéger nos devoirs et nos droits doivent tenir leur puissance de celui à qui seul appartient cette protection ; faute de cela, leur puissance serait nulle. Donc, au point de vue de la raison comme à celui de la foi, tout pouvoir vient de Dieu. D'ailleurs, si le pouvoir ne venait pas de Dieu, il viendrait des électeurs. Dans ce cas, ceux-ci ne seraient obligés de lui obéir qu'en ce qui leur plairait. Chaque citoyen pourrait se dispenser d'obéir, parce que la puissance qui commanderait viendrait de lui et qu'elle n'aurait de force que celle qu'il lui plairait de lui donner.

Tout pouvoir est absolu,

Pouvoir absolu ne peut pas vouloir dire :

pouvoir sans contrôle. Tous les pouvoirs sont contrôlés : par Dieu d'abord, en ce monde quelquefois, en l'autre toujours; par les révolutions ensuite. Tacite, qui a fait l'histoire de la plus odieuse tyrannie qui ait jamais pesé sur les hommes, nous explique la mort sanglante et prématurée des monstres qui déshonorèrent Rome et l'humanité par ces mots : *nihil violentum durabile,* qu'on pourrait peût-être traduire : les révolutions sont le contrôle du pouvoir. Dans le gouvernement représentatif, les élections contrôlent aussi le pouvoir.

Pouvoir absolu ne peut pas vouloir dire non plus pouvoir illimité. Tout pouvoir humain a des limites. Il est forcément circonscrit par son objet. Le pouvoir civil a pour objet de protéger la liberté des citoyens dans l'exercice de leurs droits ou dans l'accomplissement de leurs devoirs. Tout ce qu'il fait en plus que d'assurer cette protection est nul devant Dieu et devant les hommes.

Pouvoir absolu veut dire : pouvoir auquel on ne peut pas résister. Or, il est de l'essence du pouvoir d'être absolu, car le pouvoir auquel on peut résister n'est pas pouvoir, puisqu'il ne peut pas. C'est celui qui résiste qui est pouvoir, et il est absolu parce qu'il peut et qu'on ne peut pas lui résister.

Quelle que soit, d'ailleurs, la durée du pouvoir, il est de son essence d'être absolu. La législature nommée pour quatre ans est pouvoir absolu, pendant ce laps de temps, tout comme le roi qui reçut le pouvoir de ses pères pour le transmettre à ses enfants.

Les lois sont les ordres du pouvoir.

Pour le théologien, la loi est : le commandement du supérieur, commandement fait à la communauté et pour le bien de celle-ci. Cette définition est générale et convient, par là même, à toutes les lois, aux civiles aussi bien qu'aux religieuses.

Parce que cette définition doit pouvoir être appliquée à toutes les lois, elle est forcément sommaire, ne donne de la loi qu'une idée générale, et a besoin de certaines additions pour donner une idée complète de chaque genre de loi en particulier.

En parlant de l'objet des lois, la théologie fait remarquer que tout ce qui est bien n'est pas, par là même, du domaine de la loi, auquel le très bien et le parfait échappent ordinairement, parce que le très bien et le parfait pourraient devenir un mal s'ils étaient imposés à tous les citoyens. On doit considérer la virginité et la pauvreté volontaire comme des choses parfaites. Cependant, la société ne pourrait pas se perpétuer si tous ses membres étaient vierges, ni vivre s'ils avaient tous besoin de demander l'aumône.

Aussi le chrétien doit distinguer, jusque dans l'Évangile, ce qui est de conseil (ordinairement le très bien et le parfait) et ce qui est de précepte ou ce qui est la loi (qui n'est ordinairement que le bien). En somme la théologie fait observer, avec une grande sagesse, que l'objet des lois, ou ce qu'elles défendent ou ordonnent, doit être circonscrit dans la limite et le domaine des choses que Dieu a permis à chaque pouvoir de défendre ou d'ordonner.

Les théologiens discutent pour savoir si l'acceptation du peuple est une condition *sine qua non* de la loi humaine.

Les uns l'affirment parce que, s'il n'en était pas ainsi, la loi ne serait pas pour le bien de la communauté, mais pour son mal. Les autres le nient, parce que la puissance législative ne réside pas dans le peuple, mais dans le pouvoir. Au point de vue chrétien, cette question n'a, en pratique, aucune importance. L'Eglise n'a jamais fait et ne fera jamais de loi que la communauté n'accepte pas. Bien plus, elle reconnaît à la coutume cette manière permanente de refus ou d'acceptation des lois, d'en introduire et d'en abroger.

Le Code français définit la loi : La volonté du législateur. Si le Code définissait ainsi la loi éternelle, sa définition serait parfaite; mais c'est la loi civile qu'il définit de la sorte. Appliquée à la loi civile, la définition est fausse, mauvaise et ouvre la porte à toutes les tyrannies. Si cette définition était vraie, elle justifierait l'immense tache de sang qui souille chaque page de l'histoire de l'humanité. Elle nous ferait reculer jusqu'aux temps les plus tyranniques du paganisme à qui l'on doit le néfaste adage *dura lex sed lex*.

Comme cela a été remarqué au commencement de ce chapitre, le législateur n'a le droit de commander que dans les choses qui sont de son domaine. C'est ce que les théologiens appellent le bien commun. Mais, de nos jours, chacun entend le bien commun à sa manière. Le socialiste ne l'entend pas comme le démocrate, qui ne l'entend pas comme le républicain, qui ne l'entend pas comme le royaliste. Tous les partis veulent des choses opposées et contradictoires, et cependant ils veulent tous, à ce qu'ils disent, le bien du peuple. D'où l'on peut conclure que si les chrétiens entendent de la même manière le bien commun au point de vue religieux, les citoyens d'un même Etat ne l'entendent pas tous de la même manière au point de vue civil.

Il faut donc remplacer, pour définir la loi civile, ce que les théologiens appellent le bien du peuple ou le bien commun par son équivalent, la protection de l'exercice des devoirs et des droits des citoyens, et l'on pourra définir la loi civile : Le commandement du pouvoir qui s'adresse au peuple pour assurer le libre exercice des devoirs et des droits de chaque citoyen.

On pourra discuter et on discutera certainement pour savoir quels sont les devoirs et les droits du citoyen. Toutefois, i semble qu'il sera plus facile de s'entendre sur ce que l'on doit considérer comme les devoirs et les droits de chaque citoyen que sur ce qu'on doit appeler : Bien commun ou bien public.

En examinant les controverses à la lumière du principe de l'égalité des citoyens entr'eux, il sera facile de comprendre quelle est la valeur de la loi. Ainsi, tous les citoyens ont le droit de se réunir pourvu que leur réunion n'ait pas un but mauvais. Pourquoi la loi prive-t-elle les citoyens de se réunir pour prier quand elle permet de se réunir pour boire et s'amuser dans un cercle ou dans un établissement public? Est-ce que prier est un but mauvais? Si la loi permet aux citoyens de se réunir pour boire ou pour s'amuser, pourquoi défend-elle aux mêmes citoyens de se réunir pour prier?

Cependant, il peut y avoir des circonstances qui autorisent le pouvoir à accorder à certains citoyens ce qu'il faut refuser à d'autres, par exemple les monopoles. Il sera dit en son lieu quelles sont les raisons qui permettent au pouvoir d'établir ces inégalités. Il suffit ici d'en rappeler le principe qui est : que ces lois d'exception sont aites pour compenser les citoyens des services rendus à la communauté; ou bien pour permettre à tous les citoyens d'user d'un droit ou de pratiquer un devoir, ce qu'ils ne pourraient pas faire avec autant de facilité si la loi d'exemption n'existait pas.

Avant donc de faire une loi, le pouvoir doit examiner s'il a le droit de la faire; il serait plus exact de dire s'il a le devoir de la faire, car la protection de l'exercice des droits et des devoirs des citoyens par la loi est une obligation imposée par Dieu au pouvoir Il faut avouer, quoique l'aveu soit pénible à faire, que la plupart des hommes qui en France constituent le pouvoir sont totalement étrangers à cette notion de la loi. Pour eux comme pour leurs devanciers dans la fabrique du Code, cet arsenal de toutes les tyrannies, la loi, c'est la volonté du législateur, et le droit n'a qu'une origine : la loi.

La loi, qui est pour le législateur l'unique origine du droit, l'est aussi pour le juge. Il n'en était pas ainsi il y a quelque temps, et l'exemple de ces hommes qui préféreront briser leur carrière plutôt que d'appliquer des décrets iniques, prouve qu'il y avait à cette époque en France des magistrats consciencieux et pour lesquels la loi n'est pas l'origine du droit. Si de nos jours la loi n'est pas pour le juge l'unique origine du droit, c'est, dans le cas où il y a contestation entre l'ami des hommes au pouvoir et un ennemi ou un indifférent, l'ennemi

ou l'indifférent perdent toujours leur pro_
cès; c'est la loi. Elle n'est pas écrite dans
le code, mais elle est observée beaucoup
mieux qu'aucune de celles qui s'y trouvent.

Cependant, il serait injuste de dire que
tous les magistrats rendent des arrêts de
complaisance pour le pouvoir. Tous ne le
font pas, mais le grand nombre, le très
grand nombre le fait. C'est un malheur qui
découle de la situation faite au juge. Il
n'est pas inamovible; il dépend entièrement du pouvoir; il est homme, et *il obéit
au gouvernement qui le paie*. C'est, je
crois, la formule employée par les politiciens modernes. Il y a des magistrats qui
obéissent la mort dans l'âme; il y en a
d'autres qui sont injustes pour le plaisir
de mal faire. Leur figure s'épanouit quand
ils prononcent la sentence inique, et ils se
glorifient dans la suite du mal qu'ils ont
fait.

La dépendance des juges à l'égard du
gouvernement est un malheur; mais l'idée
qu'ils ont de leur rôle est un malheur plus
grand encore. Ils professent à la presque

unanimité qu'ils n'ont pas à se préoccuper
de la moralité et de la justice de la loi. Ils
n'ont qu'à l'appliquer. Ils se réduisent au
rôle de machine et ne croient pas coopérer
à une injustice quand ils rendent un arrêt
inique conforme à la loi. La raison qu'ils
en donnent, c'est qu'il ne leur est pas possible de voir toujours si la loi est juste ou
injuste, et ils concluent de là que lorsque
la loi est évidemment injuste, ils n'ont pas
à se préoccuper de l'injustice qu'ils com-
mettent en l'appliquant.

Cependant, les juges ne peuvent pas
ignorer que, de nos jours, le législateur
français est dépourvu de toute pudeur. Sa
conscience et son vote sont au plus offrant.
Les mots qui retentissent le plus souvent
à l'assemblée législative sont ceux d'honneur, de bien du peuple, de devoir accompli, de désintéressement et de probité. Ce
dernier ne fut jamais plus souvent prononcé qu'à l'époque où Panama achetait
le pouvoir.

Le député qui n'a plus de sens moral ne
s'intéresse qu'à une chose : sa réélection.

La discussion des lois le laisse tout à fait indifférent, d'ailleurs, il n'y assiste pas pour l'ordinaire. Il semble qu'il n'est pas à Paris pour aller au Palais-Bourbon, mais pour s'amuser dans les lieux de divertissement ou de débauche. Si, par aventure, il s'égare sur les banquettes de la Chambre, l'ennui et la lassitude s'emparent immédiatement de sa personne. Il dira combien les discussions parlementaires lui paraissent fastidieuses, et renouvellera à cette occasion le mot de Cambrone, non pas en l'honneur du guerrier célèbre, mais parce que cette expression est un des termes choisis de la société qu'il fréquente.

Le député est donc pratiquement indifférent au bien public. Mais derrière le député il y a le juif qui, à l'aide de la Franc-Maçonnerie, présente et fait voter les lois. Ces lois sont pour la plupart mauvaises et tyranniques, elles sont faites avec un si grand cynisme qu'elles heurtent le fonds de l'honnêteté nationale Le Conseil d'Etat les torture et en modifie le sens pour les rendre acceptables; mais ses efforts demeurent impuissants, et nous avons des lois politico-religieuses ou simplement politiques, comme celle sur les menées anarchistes, qui sont inscrites dans le Code, et qu'aucun ministre ne fera jamais appliquer.

Cette tyrannie de la loi moderne lui enlève toute sa force et toute sa sainteté. Le peuple ne la considère plus comme la protectrice de ses droits, mais comme son ennemie. En conséquence, le peuple hait la loi. Elle n'a plus d'autre force que celle qui lui vient du gendarme. Quand les citoyens mécontents seront assez énergiques pour briser cette dernière force de la loi, ce sera la révolution ; elle fera couler des flots de sang, disparaître le pouvoir, et aussi, l'Etat peut-être.

C'est un fait historique certain que quand le juif est maître chez un peuple, ce peuple est près de sa ruine. Quelques années après la mort du patriarche Joseph, un conquérant s'empara du royaume de Pharaon ; Daniel fut élevé aux honneurs par le roi de Babylone la nuit même où Cyrus le détrôna. Ces exemples et bien d'autres encore nous ont été donnés par la Providence, pour avertir les nations chrétiennes de ne pas se laisser gouverner par le juif.

Celui-ci sait qu'il ne peut rien contre une nation qui respecte l'Evangile ; aussi son but est-il de détruire la religion chrétienne pour dominer le monde. Il travaille à détruire cette religion avec plus d'ardeur qu'il n'en met à voler l'or et les autres bien matériels. Il la persécute au moyen des lois et s'efforce de faire disparaître tout ce qui pourrait rappeler la divinité.

Pour atteindre ce but, le juif a inventé la société secrète de la Franc-Maçonnerie. C'est par cette société qu'il a prêché d'abord les idées dites de tolérance, ensuite celles de libre pensée, pour faire aboutir les malheureux adeptes de cette société au culte avoué de Lucifer. Tous les Maçons se trouvent placés sous la tutelle de Satan. Ils sont les fils d'Hiran qui adorait Moloch, dont la Bible dit qu'il est un démon : *Dii autem gentium dæmonia.* Ils sont tous destinés après leur mort à cette lumière impérissable que le juif dans la synagogue appelle géhenne. Lumière et géhenne, deux noms différents de la même chose : Le feu de l'enfer.

Le juif sait qu'en faisant des hommes les esclaves de Lucifer il les dominera, parce que ces hommes sont les ennemis du Dieu véritable que la synagogue croit adorer. Il pousse les citoyens à faire la guerre à l'idée même de Dieu. Dans ses journaux, destinés aux profanes, il tourne en ridicule et combat sans cesse les croyances du non juif, car il sait que celui qui ne croit pas en Dieu en est l'ennemi. Il triomphe quand un fou déclare à la Chambre française que Dieu n'existe pas ou que Dieu c'est le mal, ou encore quand ce pauvre fou fait entendre ces paroles impies : « Si Dieu existe, qu'il m'écrase. » Il fait remarquer le lendemain dans ses journaux que Dieu n'a pas écrasé l'insensé, qu'il appelle : Le vaillant champion des idées modernes. Il pourrait faire remarquer, avec autant de logique, que le voyageur n'envoie pas une pierre au chien qui jappe en bas du talus pendant qu'il passe sur la route.

Cependant les hommes sont coupables d'avoir suivi les conseils du juif et d'avoir abandonné Dieu ; mais le juif est bien plus coupable que le reste des hommes, parce qu'il est la cause de tout le mal ; et si la révolution qui se prépare et qui sera bien plus terrible qu'aucune de celles qui l'ont précédée fait couler le sang de presque tous les citoyens et détruit peut-être les nations, que réservera-t-elle au juif, cause première et unique du mal que la Providence aura chargé la révolution de punir ? Peut-être même la révolution, qui est une nécessité des temps présents, ne se fera-t-elle que contre le juif ; car Dieu pourrait bien pardonner aux peuples, à cause des nombreux chrétiens qui souffrent pour la justice et qui le prient pour le salut de leurs frères.

Pour obtenir plus facilement que le nom juif fît la guerre à Dieu, le juif a sapé, de toutes les manières, le respect dû à l'autorité. De nos jours on se plaint unanimement que l'autorité n'est plus respectée. Les moins clairvoyants aperçoivent l'abîme où la société disparaîtra à brève échéance s'il n'est pas porté remède à ce mal. Si l'autorité n'est plus respectée, c'est qu'on entend mal les idées de liberté, et qu'elle est exercée de manière à n'être plus respectable.

Il a été dit, au chapitre *De la Liberté*, ce qu'il faut entendre par cette sainte chose. Loin de diminuer le respect dû à l'autorité, la liberté en est le fondement le plus ferme et le plus inébranlable. Il faut, en effet, que le pouvoir ou l'autorité protège l'exercice de la liberté et empêche qu'il ne puisse être entravé. Tant que le pouvoir demeurera dans son rôle de protecteur de la liberté, celle-ci sera le plus ferme étai du pouvoir.

On a lu dans ce chapitre combien le législateur français rend le pouvoir odieux par les abus tyranniques qu'il est dans l'usage d'en faire. Quand un pouvoir agit de la sorte, il perd son droit au respect et, de fait, cesse d'être respecté. Mais ce n'est pas seulement le pouvoir civil à quelque degré qu'il s'exerce, depuis le petit pouvoir tyrannique du village, jusqu'au pouvoir non moins tyrannique du législateur, qui n'est pas respectable. Presque personne de ceux qui dans notre pays détiennent une parcelle quelconque du pouvoir ne l'exerce de manière à le rendre respectable. Demandez au père de famille comment il exerce son autorité au milieu des siens? Demandez au professeur si les abus continuels qu'il fait de son pouvoir ne rendent pas l'autorité odieuse à ses élèves? Faites la même question aux chefs d'usine, d'atelier et aux grands propriétaires ruraux, et vous verrez quelle sera la réponse du grand nombre d'entr'eux.

Il est donc du devoir de tous ceux qui détiennent un parcelle quelconque de l'autorité de rentrer en eux-mêmes et de se demander s'ils commandent toujours, comme Saint-Paul affirme que l'autorité doit commander : *Elle est* (l'autorité) *le remplaçant de Dieu pour ton bien.* (Rom. XIII, 4.) S'ils se trouvent coupables, qu'ils fassent amende honorable et tâchent de commander comme le veut l'apôtre. L'autorité redeviendra respectable. Les attaques des ennemis de la société ne pourront plus rien contre elle, défendue comme le sera par le rempart de la liberté et respectable aux yeux du peuple pour le bien qu'elle lui procurera.

Il serait injuste de représenter les abus du pouvoir comme une plaie particulière à notre époque. Toujours, ceux qui ont exercé le pouvoir en ont abusé. Phèdre a pu écrire (Esope l'avait fait avant lui), que le lion exigeait la grosse part de la chasse à cause de sa force : *Quia nominor leo.* Rome, discutant de la liberté et des droits de l'univers, disait : « Il a plu au Sénat et au peuple romain. » La vieille royauté française, qui fut cependant un modèle de justice, était la royauté du bon plaisir. Les Anglais, qui habitent la terre classique de la liberté et dont la prospérité a pour cause principale le respect qu'ils ont pour elle, reconnaissent cependant en théorie que le pouvoir est le possesseur de la vie et des biens des citoyens. Si un Anglais peut endosser une veste au lieu d'un jus-taucorps, ce n'est pas parce que le droit naturel le lui permet et s'oppose à ce qu'on le lui défende; c'est parce qu'un décret du roi Jean ou de la reine Anne lui octroient ce droit.

Cette conception erronée du pouvoir a été cause que les révolutions se sont toujours faites non pas contre le pouvoir, mais contre ceux qui le détenaient. A la royauté de Louis XIV succéda la royauté du peuple appuyée sur l'échafaud. Le gouvernement français applique aujourd'hui les lois et décrets des rois et des empereurs disparus; ce gouvernement est composé d'hommes qui, hier encore, trouvaient les lois qu'ils appliquent aujourd'hui injustes, immorales et forgées par les tyrans, opprobres de l'humanité.

Est-ce pour mettre les faibles à l'abri de la tyrannie du pouvoir, ou bien pour le faire exercer par ceux même auxquels il appartient de le faire, d'après une certaine école, qu'on a inventé le *referendum* ? La réponse à cette question n'a aucune importance pratique. Cependant, il est impossible de ne pas parler du *referendum* en traitant la question de la loi et du pouvoir législatif.

On appelle *referendum* le droit qu'a le peuple d'accepter ou de refuser une loi.

Au commencement de ce chapitre, il a été dit que les théologiens discutent pour savoir s'il est de l'essence de la loi qu'elle soit acceptée par le peuple. Il a été ajouté que, quoiqu'il en soit de la théorie, de fait, l'Eglise ne porte aucune loi que le peuple n'accepte. Bien plus, elle lui permet de faire ou de défaire les lois par la coutume.

Pratiqué de la sorte, aucun peuple n'accepte le *referendum*. Il n'y a pas de Français qui n'ait entendu parler des lois existantes. Ces lois menacent chaque citoyen. Le ministère actuel (Waldeck-Rousseau-Millerand-Gallifet) viole les domiciles, met les citoyens en prison, confisque les quelques bribes de liberté que nous avons encore sous le couvert des lois existantes. On dirait qu'il met sa gloire à être cyniquement tyrannique. Il arrête d'abord les citoyens, se demande ensuite par quels juges il pourra les faire condamner et enfin cherche le crime ou le délit dont il les accusera.

On lit de temps en temps, dans les journaux ministériels, des nouvelles dans le genre de celles-ci : « Monsieur X... a été arrêté hier. Le Conseil des ministres s'est réuni ce matin pour statuer sur cette arrestation. Il n'a pas encore décidé en vertu de quel article du Code il a fait arrêter Monsieur X... et il ne sait pas encore ce dont il l'accusera devant les juges. »

Chacun sait que Monsieur X.,. sera jugé et condamné de par les lois existantes, et personne n'ignore que ces lois existantes sont violées journellement par l'universalité du peuple français

Les lois devraient se modifier et disparaître à mesure que se modifient et disparaissent les circonstances qui sont leur raison d'être. Ne pas accepter que la coutume les rapporte et ne pas les abroger sous prétexte qu'on ne les applique pas, c'est laisser grande ouverte la porte de la tyrannie.

Le *referendum* tel qu'il est pratiqué par

certains peuples a, au point de vue législatif, des pouvoirs bien plus étendus que la
coutume,

Dans les pays à *referendum,* quand une
loi est votée, les citoyens auxquels elle
déplaît en appellent au peuple, et celui-ci,
en votant oui ou non, déclare accepter ou
refuser la loi. En cette circonstance, le
peuple exerce lui-même le pouvoir législatif.

La logique semble demander que les nations qui acceptent la souveraineté du peuple pratiquent le *referendum.*

Il y a pour cela deux raisons principales.
La première, c'est que le député ne représente pas exactement toutes les opinions
de l'électeur et qu'il peut se faire qu'il vote
une loi que l'électeur ne voterait pas. La
seconde, c'est que la masse des députés ne
représente qu'imparfaitement la majorité
des électeurs; d'où il arrive qu'ordinairement les députés qui votent une loi ne
représentent que la minorité des électeurs.

Le grand nombre des députés ne repré-

sente, à la Chambre, qu'un peu plus
de la moitié des électeurs de sa circonscription. Il y en a, comme la plupart des
députés de Paris, qui ne représentent
même pas cette moitié. La Chambre française représente à peine un peu plus de la
moitié des électeurs de ce pays. Quand
cette Chambre vote une loi, si tous ou
presque tous les députés ne l'acceptent,
cette loi est l'expression de la minorité.

Les ennemis du *referendum* le déclarent
inacceptable : 1º parce que les électeurs ne
veulent pas eux-mêmes faire les lois ; 2º que,
s'ils le voulaient, ils ne le pourraient pas,
faute de connaissances suffisantes.

La première de ces raisons est fausse.
Personne n'a consulté les électeurs pour
savoir s'il voulaient le *referendum*. La réponse du corps électoral ne fait aucun
doute, pour personne, l'immense majorité
l'accepterait. D'ailleurs, n'y aurait-il que
quelques électeurs qui voudraient en user,
il faudrait le leur accorder, car en les en privant on les priverait en même temps de la

souveraineté. Les adversaires du *referen-dum*, il faut leur rendre cette justice, n'insistent pas sur cette raison qu'ils trouvent eux-mêmes mauvaise.

La seconde raison ne vaut cependant pas davantage; elle se réduit à ceci : L'électeur, en général, n'est pas suffisamment instruit pour comprendre une loi; il ne doit donc pas la faire. Il est évident que cela est faux. Presque tout le monde peut juger de l'utilité ou de la noscivité d'une loi. Bien plus, il est autrement difficile de voter pour un représentant que pour faire une loi.

Cela suppose, en effet, qu'on sait ce qu'il veut faire, ses aptitudes pour y réussir, et si cela sera un bien ou un mal pour la nation.

Enfin, à quoi servirait au peuple sa souveraineté s'il ne peut pas l'exercer lui-même? Elle ne serait pas autre chose que le droit de désigner ses maîtres, ce qui, à proprement parler, n'est pas une souveraineté.

La pratique n'a pas encore sanctionné le

referendum d'une manière irrévocable. Cependant il fonctionne en Suisse à la satisfaction générale des citoyens de ce pays; il en serait probablement de même pour la plupart des autres nations.

CHAPITRE V

De la Propriété.

Quelques utopistes, appuyés sur un texte de la Bible (*Gen.*, chap. VII, v. 28, 29, 30) qu'ils entendaient de travers, acceptèrent cet axiome : « La terre n'est à personne et ses fruits sont à tout le monde ».

Cette opinion n'a plus aujourd'hui aucun adhérent. Le genre humain est unanime à reconnaître que si la terre n'était à personne, personne ne la cultiverait, et que les fruits de la terre sans culture ne pourraient pas nourrir les hommes. Ceux-ci ont donc intérêt à ce que la terre soit cultivée, et par conséquent qu'elle soit possédée par quelqu'un en particulier.

Les socialistes enseignent que, si la terre (et par ce mot ils entendent tout agent de production, même l'être humain) appartenait à la société, les choses iraient mieux parce que chaque homme en serait plus heureux.

Au chapitre *Du Socialisme,* il sera démontré que les socialistes se trompent.

Alors même qu'ils auraient raison, ils ne pourraient imposer leur manière de voir à personne; chacun, en effet, est maître de soi et de son travail. Or, c'est le travail transformé qui devient la propriété.

Quand un homme travaille, il reçoit un salaire. Ce salaire est l'équivalent de son travail ; son travail, c'est son activité, son être agissant. De même que l'homme est le propriétaire de son être agissant, de' même et au même degré il l'est de son salaire. Si, avec son salaire, il achète un champ, ce champ lui appartient comme lui appartient son être; car ce champ est l'équivalent de son salaire, lequel l'est de son être agissant; il peut donc en faire ce qu'il lui plaît, tout comme de son être.

Les Romains définissaient la propriété : Le droit d'user et d'abuser *(jus utendi et abutendi).* Cette définition est inattaquable; aussi est-elle universellement acceptée.

Il y a, parmi les socialistes modernes, quelques hommes qui attaquent la propriété. Dans l'ardeur de la bataille, ils vont jusqu'à faire appel aux Pères de l'Eglise dont ils citent les paroles en leur donnant un sens autre que celui qu'il a dans leurs écrits.

L'histoire de ce député français, qui citait le mot riche de saint Chrysostome dans un sens que ce Père de l'Eglise ni aucun de ses commentateurs ne lui ont jamais donné, est encore présente à l'esprit d'un grand nombre d'entre nous.

On trouve souvent, dans les Pères de l'Eglise, des phrases dans le genre de celles-ci : « Les riches sont les économes des pauvres. — Ton superflu appartient aux pauvres. — Madeleine répandit un parfum précieux sur les pieds du Sauveur, et les frotta ensuite avec ses cheveux. Les cheveux indiquent le superflu, les pieds du Sauveur rappellent les pauvres. Tu ne sais que faire de ton argent et tu as du superflu? Peut-être que les pieds du Sauveur manquent de beaucoup de choses ».

Donc, disent certains socialistes, le riche n'est que l'économe du pauvre; il n'a pas le droit d'abuser de son bien, il ne peut même en user que selon certaines lois; il n'en est donc pas le propriétaire, ou bien il n'est pas permis de définir le droit de propriété : Le droit d'user et d'abuser.

Dans le cas où quelqu'un ferait ce raisonnement de bonne foi, voici en quoi il est faux :

Les Pères de l'Église, en parlant des devoirs du propriétaire, n'entendent pas définir la propriété, ni ne parler que des devoirs de justice stricte du possesseur, même quand dans leurs discours se trouvent des passages comme celui-ci : « Si tu ne donnes pas aux pauvres une partie de tes biens, tu les voles. » Ils ne parlent pas au point de vue de la justice stricte, mais au point de vue de la charité. Cette vertu oblige à l'aumône chaque chrétien, en proportion de sa fortune.

La preuve qu'ils ne considèrent pas le droit du pauvre à l'aumône du riche comme un droit de justice stricte, c'est qu'ils ne disent jamais aux malheureux : Tu as droit à l'aumône du riche; si on ne te la donne pas, tu peux en conscience la prendre. Au contraire, en expliquant le septième commandement, ils font remarquer que personne n'a le droit de prendre le bien des autres, quel que soit d'ailleurs le mauvais usage qu'ils en font.

L'Eglise définit donc la propriété comme le Droit romain : Le droit d'user et d'abuser. Elle fait seulement remarquer à celui qui abuse qu'il fait un mauvais usage de ses biens et que Dieu le punira.

En faisant de l'Eglise l'adversaire de la propriété, les socialistes se trompent; ils se trompent pareillement dans les conséquences qu'ils déduisent de l'origine injuste de certaines grandes propriétés.

Sans parler de l'appropriation des biens qui n'appartiennent à personne, *Res nullius*, comme disent les juristes, et qui s'acquièrent par l'occupation, ainsi qu'ils le démontrent, il faut faire remarquer que les choses d'ici-bas valent surtout par le travail de l'homme. Le fer vaut beaucoup plus devenu charrue ou instrument de labour que quand il sort de la mine. La pierre extraite de la carrière a une toute autre valeur que celle qui gise dans les flancs de la montagne. Le sol lui-même vaut surtout par le travail et ne conserve sa valeur que par le travail; de sorte que prendre la terre à son propriétaire, quand il l'a mise en bon état de culture, c'est lui prendre une partie de son travail.

Cette remarque n'est importante de nos jours qu'au point de vue des principes, car la propriété n'est pas attaquée à cause de l'origine vicieuse de l'occupation première, mais à cause du vol qui en fut fait au légitime propriétaire dans le temps passé.

Chacun sait que les immenses domaines d'Irlande qui font partie du patrimoine des land-lords anglais leur furent attribués au moment de la conquête de ce malheureux pays par l'Angleterre.

Les socialistes allemands ont démontré que beaucoup des grands feudataires d'outre-Rhin doivent leur fortune terrienne aux rapines de leurs ancêtres à l'époque de l'établissement de la réforme.

En France, les guerriers de Simon de Montfort s'emparèrent de presque toutes les terres du Languedoc et des contrées voisines.

Un orateur chrétien du dix-septième siècle disait: L'origine d'un certain nombre de grandes fortunes me fait trembler.

Il est difficile à un Français de se prononcer sur la légitimité actuelle des grandes fortunes étrangères; il n'a pas les données nécessaires pour cela. Je ne puis que faire remarquer ici que les travaux que demandent les terres pour être conservées en bon état de culture pendant des siècles semblent peu à peu devoir faire passer la légitimité de la possession à l'occupant, surtout si pendant de longues années le propriétaire est inconnu. D'ailleurs, le premier occupant illégitime croyait très probablement être le propriétaire légitime de ces biens par droit de conquête; ce qui autorise à croire que ces biens ont été régulièrement acquis par prescription.

En France, la question est bien moins embarrassante, les propriétés ont bien souvent changé de maître depuis Simon de Montfort. Si les compagnons de ce guerrier sortaient de leurs tombeaux, ils seraient bien étonnés de voir passer la charrue là où furent les manoirs qu'ils s'attribuèrent par droit de conquête, et leur étonnement grandirait encore, quand ils verraient le fils du serf qu'ils avaient épargné sur le champ de bataille, posséder les terres dont ils s'étaient emparés.

Les possesseurs actuels du sol l'ònt acquis du fruit de leurs travaux ; ils ont prescrit devant Dieu et devant les hommes, si la prescription a été nécessaire, pour légitimer leur droit de propriété. On ne peut pas leur reprocher le manque de bonne foi. Les propriétaires actuels ignorent et ceux qui les ont précédés ignoraient pareillement que Simon de Montfort fût venu dans le Midi et que ses compagnons se fussent partagé les terres de cette partie de la France.

La connaissance de ces faits est le résultat des études monographiques de ces derniers temps. Elle est encore du domaine de quelques érudits maniaques, qui sans cesse cherchent quelqu'un auquel ils puissent conter les détails inutiles de ce lambeau de notre histoire locale.

Il serait plus difficile de légitimer les vols faits pendant la Révolution de 1793; mais l'Etat, en établissant de concert avec Rome le budget des cultes, et en donnant l'indemnité aux émigrés sous Charles X, semble avoir fait cadeau de leurs vols aux révolutionnaires. La Providence n'en a pas moins vengé les larcins de l'époque douloureuse; presque tous ceux qui s'emparèrent des biens de l'Eglise ou des proscrits furent châtiés, et leurs descendants sont pauvres. Les mesures de clémence prises par l'Eglise et par l'Etat n'ont eu pour effet que de légitimer la possession des occupants actuels.

Ainsi, en droit, les hommes peuvent posséder des terres en propre; en fait, les possesseurs actuels possèdent légitimement; cela vient d'être démontré pour la France, et nous n'avons aucune raison de croire qu'il en est autrement pour les autres pays.

C'est donc faire œuvre de mauvais citoyen que de pousser les hommes à la revendication des terres, alors qu'elles sont légitimement possédées. Les bons esprits ont le droit de se demander à quel mobile obéissent ceux qui poursuivent ce but néfaste.

Ils attaquent la propriété rurale, ils dénoncent la richesse de telle ou telle catégorie de citoyens, et ils sèment à profusion les germes de discorde et de guerre civile.

Seul, l'or du banquier trouve grâce à leurs yeux. Ces hommes, qui dénoncent aux convoitises populaires les quelques millions que possèdent les congrégations religieuses, jettent les hauts cris quand on parle du coffre-fort de Rotschild, du portemonnaie d'Erlanger, de la bourse de Bischoffein, ou de celle de bien d'autres encore.

Cependant ces citoyens ont des milliards; ils les ont volés, tout le monde le reconnaît. Ils ne peuvent pas invoquer, en faveur de leur possession, la bonne foi dans leurs opérations financières; le code, leur conscience, s'ils en avaient, et les revendications des volés y font obstacle.

Pourquoi les tenants du bien du peuple ne lui indiquent-ils pas ces fortunes colossales ? Est-ce que quelques milliers de francs pris aux moines auraient plus de valeur pour acheter du pain que les milliards qu'enferment les caves du banquier juif ? Pourquoi, en 1870, la Commune a-t-elle tout pillé, même la banque de France, et a-t-elle respecté les innombrables maisons de Rostchild ?

Ne parlez pas contre la fortune du banquier, on vous dirait tout de suite : Vous attaquez le principe même de la propriété. Il est vrai que vous devriez répondre : Au lieu de l'attaquer, je le défends ; car c'est défendre la propriété que de réclamer contre les pillards.

Ainsi, pour ces hommes, défendre les biens des congrégations, c'est attaquer le principe même de la propriété ; c'est encore attaquer ce principe que de défendre les biens des pauvres et des petits contre la déloyauté, la perfidie et le vol des banquiers.

Au chapitre *De la Société*, il est démontré que chaque société a le droit de posséder, tout comme chaque particulier; et au chapitre *De la plaie*, il est démontré combien l'Etat français, qui ne permet pas au père de famille de disposer de ses biens comme bon lui semble, est non seulement injuste, mais encore opposé au bien général de la nation.

C'est à cause du bien général de la nation que certains humanitaires voudraient qu'il n'y eût que de petites propriétés. Cela entre dans les idées socialistes qui veulent que la terre soit au travailleur, comme pareillement, la mine aux mineurs.

Les inconvénients de la terre au laboureur sont signalés au chapitre *Du Socialisme*; il suffit de faire remarquer ici qu'il y a de grands avantages à ce que chaque pays possède un grand propriétaire terrien.

On dit quelquefois que, proportionnellement, la petite propriété rapporte plus que la grande; et les faits semblent souvent démontrer l'exactitude de cette affirmation. Donc, il vaudrait mieux qu'il n'y eût que de petites propriétés.

Ce n'est pas parce que la propriété est petite qu'elle rapporte proportionnelle-ment davantage, c'est parce qu'elle est mieux cultivée. Si la grande propriété avait à son service proportionnellement autant de bras que la petite, elle rapporterait autant et peut-être davantage; la raison en est que les travaux s'y feraient plus aisé-ment et dans de meilleures conditions. Ainsi, les labours peuvent se faire mieux et plus rapidement, à cause de la force plus grande des bêtes de travail dans la grande propriété que dans la petite. Le même homme peut mener paître un troupeau de vingt à trente bêtes à cornes. Si une pro-priété n'a pour son exploitation qu'une modeste paire de vaches, il faut pareille-ment un homme pour soigner et mener paître ces deux bêtes.

Si les grandes métairies rapportent pro-portionnellement moins que les petites, cela tient au manque de bras et aussi à ce qu'une grande métairie, à cause même de son étendue, possède des terres de qualité inférieure. Quand des terres de ce genre sont le lot d'une petite métairie, elle ne rapporte pas grand chose.

Dans certains pays on rencontre des villages entiers composés de petits propriétaires ; ce sont les villages les plus pauvres de France. Chaque habitant peut se dire qu'il possède à peu près autant que son voisin, mais cela n'est pas une compensation suffisante pour le dénuement qui règne en ces contrées. Si quelqu'un, soit par sa faute, soit par l'effet de la maladie ou pour toute autre cause, se ruine, il est obligé de quitter le pays.

Il existe un coin de terre qui m'est particulièrement cher, parce qu'il est pour moi la petite patrie dans la grande. Les deux tiers environ de ce coin de terre appartenaient, il y a une quinzaine d'années, à une famille très généreuse. Quand cette famille était en pleine prospérité, près de huit cents personnes vivaient sur ce coin de terre. Aujourd'hui nous n'y sommes pas tout à fait quatre cents, nous vivons plus mal que nos devanciers deux fois plus nombreux, et nous n'envoyons plus aux

pauvres du chef-lieu les vingt mille francs
que leur faisait distribuer chaque année le
châtelain disparu.

Tout compte fait, nos terres rapportent
moins qu'autrefois. Est-ce parce qu'elles
ont moins de bras pour les travailler? Ou
bien le morcellement de la propriété a-t-il
nui au rendement? Les paysans, mes concitoyens, affirment que c'est à la fois le
manque de bras et le morcellement de la
propriété qui ont causé notre état actuel
d'infériorité.

Vaut-il mieux, au point de vue du rendement, qu'il n'existe que de petites propriétés, ou qu'il y ait en même temps de grandes et de petites propriétés? Les données
actuelles ne semblent pas suffisantes pour
répondre d'une manière satisfaisante à
cette question.

Quelle que soit la réponse à la question
posée, il faut affirmer qu'une grande propriété est nécessaire dans chaque contrée,
parce que :

Au point de vue cultural, c'est elle qui
fait toujours les essais de culture ; quand

un petit propriétaire a besoin d'être aidé, c'est à elle exclusivement qu'il peut s'adresser, soit pour ses travaux, soit pour obtenir les avances dont il peut avoir besoin, soit pour faire transporter de la gare à domicile les différents achats qu'une proriété, même petite, est obligée de faire au loin. Enfin, si un petit propriétaire n'a pas assez de terres pour s'occuper chez lui, c'est encore à la grande propriété qu'il demandera le travail supplémentaire dont il a besoin pour vivre.

Au point de vue social, un grand propriétaire terrien empêche les rivalités entre les petits propriétaires d'un même lieu.

Il faut avoir vécu parmi ces idiots que le suffrage universel a fait par hasard maire d'une commune rurale, pour se rendre compte de l'insondable bêtise et de la tyrannie méchante et brute que ces lâches, au pouvoir, font peser sur leurs administrés. Le préfet qui révoque sans motif le maire qui vote mal, admire les actes astucieux et injustes de ces officiers civils qui achètent le droit d'être malfaisants en votant bien au sens de la préfecture. Un grand propriétaire, quelles que soient ses opinions politiques, n'est pas ordinairement injuste ou méchant et son influence empêche le maire de le devenir, alors même qu'il y aurait entre eux divergence d'opinion la plus complète.

Une grande propriété est donc nécessaire dans chaque commune, peut-être pour le rendement plus considérable des terres; certainement pour les essais de culture, pour l'aide et la protection qu'elle procure aux petites propriétés et pour la paix et la tranquillité communales.

En parlant des petites propriétés, je n'ai pas eu dans l'esprit les très petites propriétés; j'appelle très petites propriétés celles qui ne permettent pas à leur possesseur d'avoir des bêtes de labour; celles-là, à moins qu'elles ne soient affectées à des cultures spéciales comme sont celle de la vigne, du jardinage, ou des primeurs, sont toujours mauvaises.

Une charrue fait en un jour autant de

travail qu'un homme en quinze jours. En supposant que le travail de l'homme soit mieux fait et obtienne une récolte double, ce qui est un cas rare et très favorable, l'homme est obligé de travailler huit jours pour faire produire à la terre ce qu'une paire de bœufs en obtiendra en une journée. Le cultivateur à bras récoltera huit fois moins que le cultivateur à bœufs, toutes choses égales, d'ailleurs. La très petite propriété qui, à cause de son exiguité, ne ne peut pas avoir des bêtes de labour, est donc mauvaise.

Il serait à souhaiter que la très petite propriété disparût. Il serait pareillement à souhaiter que les propriétés petites ou grandes fussent d'un seul tenant par unité de culture. Quand une terre est éloignée du centre de culture, elle est négligée par la force des choses; elle rapporte beaucoup moins et est plus exposée aux déprédations. Si les propriétés étaient d'un seul tenant, il y aurait beaucoup plus d'arbres fruitiers et les terres rapporteraient davantage. D'ailleurs, quand une propriété d'un

seul tenant est à vendre, elle a une plus
grande valeur qu'une autre de même contenance et dont les terres sont dispersées.

Quelques amis du peuple ont fondé de
nos jours l'Œuvre des jardins ouvriers; en
souhaitant la disparition de la très petite
propriété, je n'ai pas souhaité la disparition de ces jardins. Rien ne me paraît être
à la fois plus utile à chaque homme et au
bien public que la possession d'un petit
champ et d'une petite maison par chaque
citoyen. Ce serait une véritable cause de
bien-être pour celui qui peut, en dehors de
ses occupations, travailler quelques heures
par semaine s'il avait une parcelle de terre
dont il pourrait tirer non seulement les
légumes, mais encore quelques fruits et
sa boisson dans les pays de la vigne ou du
pommier.

Quoique la chose soit rare, il arrive
quelquefois que la grande propriété manque
à ses devoirs. Elle n'est d'aucun aide pour
la petite, elle maltraite les pauvres et leur
refuse même le morceau de pain nécessaire au soutien de leur vie. Toutes les

fois qu'il en est ainsi, la grand propriété a chance d'être battue en brèche, car quelle que soit sa légitimité, le peuple ne voit pas en quoi elle est utile, et Dieu abandonne aux attaques des hommes une propriété qu'il a pris soin de blâmer dans l'Evangile par la parabole du mauvais riche.

Peut-être faudrait-il faire remarquer qu'une des plaies de la grande propriété c'est l'absence du maître. Cette absence est nuisible au point de vue cultural, elle est nuisible au point de vue moral, car le maître éloigné n'exerce pas sur les hommes qui vivent sur ses terres l'influence morale à laquelle en général ils ont droit; elle est encore nuisible parce qu'elle déplace les centres de production et de consommation.

Un propriétaire qui habite Paris, par exemple, dépense dans cette ville les revenus de ses terres. Ceux qui les cultivent envoient chaque année à la capitale une certaine somme, Qu'en reçoivent-ils en échange? Rien. Il en serait tout autrement si le propriétaire vivait sur ses terres. Une

partie de l'argent que ses paysans lui donnerait leur reviendrait et ils vivraient plus
aisément.

Dans les calculs qui ont été faits pour
établir l'impôt sur le revenu, il a été démontré que Paris payerait au moins 95 %
de cet impôt. Ce qui revient à dire que
cette ville possède dix-neuf fois plus de
revenus que le reste de la France. De sorte
qu'en pratique, quand un habitant de Paris a deux cent quatre-vingt francs à dépenser, un autre Français a un franc.

Les grandes villes de France ressemblent
toutes plus ou moins à Paris au point de
vue de l'accumulation de la richesse. Ce
fait explique l'émigration de la campagne
vers la ville. Cette émigration est encou-
ragée, d'ailleurs, de toutes manières, par
ceux même qui en gémissent. Si une famille riche possède beaucoup de terres, il
n'est pas rare qu'elle soit très généreuse à
la ville et qu'elle passe, avec juste raison,
pour avare à la campagne.

CHAPITRE VI

La Plaie.

Après le recensement qui se fait une fois tous les quatre ans, les statisticiens nous apprennent que la population de la France n'augmente presque plus. On peut prévoir que, dans un avenir peu éloigné, le nombre des naissances sera moindre que celui des décès.

De toutes les causes de décadence d'un peuple, le manque de natalité est la plus fâcheuse et la plus redoutable. C'est la plaie de la nation ; et si les citoyens et le pouvoir ne trouvent un remède efficace à cette plaie, elle détruira la race dans bien peu de temps.

Le pays affligé de cette plaie ne pourra plus se défendre contre les ennemis du dehors. Quelle que soit la valeur personnelle des Français, ils ne battront pas leurs ennemis s'ils ne peuvent leur opposer un

nombre suffisant de guerriers; je fais à
notre amour-propre cette concession que
nous ne fûmes ni ne serons jamais battus à
nombre égal. Cependant, si nos ennemis
peuvent nous opposer des armées quatre ou
cinq fois plus nombreuses que les nôtres,
nous serons fatalement écrasés, surtout
dans les guerres futures, où à armes égales
la valeur du soldat ne semble pas devoir
être le facteur principal du gain ou de la
perte des batailles.

D'ailleurs, nous n'aurons pas besoin du
concours de nos ennemis pour disparaître,
si le nombre des naissances est inférieur à
celui des décès; nous disparaîtrons naturellement et sans secousse.

Les pouvoirs publics se sont préoccupés
de porter remède à cet état de choses.

Il a été prononcé contre la plaie de magnifiques discours. Elle a été anathématisée
du haut de la tribune des deux Chambres.
La nation a été invitée à se débarrasser de
ce monstre hideux et mortel. Les journalistes de toutes nuances ont soutenu les
députés et les sénateurs dans leurs reven-

-dications pour la vie. L'élan a été admirable.

Et le résultat?

Quant au résultat, il a beaucoup laissé à désirer. Les députés, les sénateurs et les journalistes, après avoir démontré la nécessité des familles nombreuses, ne se sont pas mariés, ou, entrés dans le mariage, ont eu peu ou pas d'enfants.

Cependant, les sénateurs et les députés ont voulu, comme hommes publics, exciter à la repopulation de la France, encore qu'ils n'y prennent pas part comme citoyens; ils ont accordé des faveurs aux familles nombreuses au moyen de deux lois.

La première de ces lois accorde à l'aîné de sept enfants vivants de ne faire qu'un an de service militaire.

La seconde accorde au père de sept enfants vivants de ne pas payer l'impôt foncier.

Dans notre pays, où l'on confond presque toujours l'idée d'égalité avec celle de nivellement, on a cru que ces faveurs étaient le maximum de ce qui peut être accordé à ceux qui concourent très efficacement à la repopulation de la patrie.

Quand le pouvoir fait une loi pour atteindre un résultat, on peut discuter en théorie et avant que la loi soit en vigueur, si oui ou non elle atteindra le résultat voulu. Mais quand la loi a été faite et mise en vigueur et que le résultat voulu était un résultat matériel, on peut constater si ce résultat a été atteint la discussion n'est plus possible, elle est dirimée par les faits.

Les deux lois pour aider à la repopulation de la France ont-elles atteint leur but? Non, puisque, après comme avant ces lois, le mouvement de la population a continué à être en décroissance. Il n'est pas exagéré de dire que ces lois n'ont pas fait augmenter d'une unité le nombre des citoyens français. Ces lois n'ont pas atteint le but que se proposait le législateur, et elles ne l'atteindront jamais.

Pour aider à la repopulation, il faut chercher les causes de dépopulation, et les détruire.

La première et la principale cause de la dépopulation, c'est l'impiété.

Le prêtre doit rappeler le chrétien à l'observation de la loi divine. Or, une des premières lois que Dieu a donné aux hommes, est celle de l'augmentation des êtres humains. *Crescite et multiplicamini* (Gen., I, 28). L'Etat diminue sans cesse et de toutes manières l'influence du prêtre. Ce livre rappelle, blâme et réfute en bien des endroits les lois néfastes et scélérates à l'aide desquelles le pouvoir civil fait la guerre à la religion et détruit l'influence de ses ministres.

Le prêtre, à qui l'on a fait perdre son influence, ne peut pas rappeler efficacement aux chrétiens leurs devoirs de repopulation. S'il parle en chaire, on serait presque tenté de dire, s'il a le malheur de parler en chaire de ce devoir, il est vilipendé dans sa paroisse; les journaux, ceux surtout qui se donnent pour mission de salir l'âme de leurs lecteurs, deviennent pour la circonstance d'hypocrites professeurs de vertu; ils accusent ce prêtre de luxure parce qu'il a osé prononcer en chaire les paroles de bénédiction que Dieu fit entendre après avoir donné la vie à nos premiers parents.

Les plus pieux de ses paroissiens désapprouvent le prêtre et donnent raison au journal impie. Ces chrétiens ne savent pas voir que toutes les fois qu'un homme excite la fureur de ses ennemis, c'est qu'il fait une chose qui leur déplait et qu'ils jugent contraire à leurs intérêts. Or, déplaire aux ennemis de Dieu et aller contre leurs intérêts, c'est faire observer la loi divine, et pour le prêtre remplir son devoir.

Les chrétiens qui blâment le prêtre, ne le font que parce qu'ils n'ont pas eux-mêmes observé la loi. Dans leur famille, il n'y a que peu ou point d'enfants. Ils ne veulent pas entendre parler d'un devoir qu'ils ne se sentent pas le courage d'accomplir. Plutôt que de soutenir le prêtre dans ses efforts pour multiplier la vie sur la terre, leurs intérêts mal entendus les poussent à prendre parti dans le camp de ses ennemis.

Il y avait une telle résistance, qu'il semblait prudent de ne pas porter remède à la plaie, même au confessionnal. Il était pénible, très pénible pour le prêtre, dont la vie n'a qu'un but, faire observer la loi de Dieu, de ne pas pouvoir porter remède à ce lamentable état de choses; il en appela à Rome, et Pierre répondit : « Instruisez le peuple et combattez la plaie ».

Si le prêtre avait la même autorité qu'autrefois, la plaie n'existerait plus qu'à l'état de douloureux souvenir; mais elle existe encore. Le pouvoir, qui avait le choix entre sa destruction, en laissant le prêtre reprendre sa légitime influence, ou sa conservation, en continuant sa guerre impie, a continué la guerre, et la plaie existe plus néfaste et plus dangereuse qu'elle ne l'ait jamais été.

On a remarqué que les contrées les plus chrétiennes sont celles où le nombre des naissances dépasse le plus le nombre des décès. Il en est ainsi dans l'Aveyron et dans certaines parties de la Bretagne. Au contraire, dans les départements les moins chrétiens, il n'est pas rare que le nombre des décès dépasse celui des naissances.

Ainsi, la pratique confirme la théorie qui enseigne que, quand le prêtre possède son influence légitime et nécessaire, il concourt efficacement, en faisant observer la loi de Dieu, à l'accroissement de la population.

Cependant, il importe peu au pouvoir, c'est-à-dire au juif, que la noble nation disparaisse. Pour lui, la question n'est pas de savoir si le peuple, dont l'épée jadis glorieuse et qui sortait si rapidement du fourreau pour combattre l'injustice ou soutenir les saintes causes, sera, ou ne sera pas. Le juif s'inquiète uniquement s'il pourra amasser encore en France quelque peu d'or et si, pour amasser cet or maudit, il faut briser à jamais la vieille et sainte épée de la malheureuse nation; il la brisera avec plaisir, en haine de la justice pour laquelle cette épée n'a jamais cessé de combattre.

Ainsi, le remède principal de la plaie serait le retour aux pratiques de la religion chrétienne. Actuellement, le grand nombre ne veut pas recourir à ce remède. Que les citoyens pieux prient et fassent pénitence pour que nous acceptions ce remède dans l'avenir.

En attendant, il est bon de rechercher

quelles sont, en dehors de l'impiété, les causes de la plaie et de les signaler aux citoyens soucieux du bien public. Ils travailleront à les détruire et auront la consolation d'enrayer le mal, s'ils n'ont pas celle de le faire disparaître, comme le ferait la pratique de la religion.

La loi sur les successions est une des causes de la plaie, en ce qu'elle donne à chaque enfant une part égale ou à peu près à l'héritage paternel.

En réglant ainsi la part des enfants à l'héritage paternel, la loi commet une injustice. Cela est démontré au chapitre de *La propriété*.

Un grand nombre de personnes affirment que le titre de fils donne un droit de stricte justice aux biens du père; mais ils ne donnent aucune preuve pour légitimer ou démontrer leur assertion. On leur répond que leur affirmation, dénuée de preuve, peut et doit être tenue pour fausse jusqu'au moment où elle sera prouvée.

Cependant, ce n'est pas convaincre quelqu'un que de lui dire qu'il se trompe; il faut

encore le lui prouver. Or, il est très facile
de démontrer que la filiation ne donne pas
à l'enfant un droit de stricte justice aux
biens du père.

La filiation n'est pas autre chose qu'une
extension et une continuation de l'être du
père ou du moi paternel.

La propriété n'est pas autre chose qu'une
extension de l'être ou du moi du propriétaire, et, si le propriétaire est en même
temps père de famille, son être ou son
moi se trouve étendu de deux manières
différentes : par ses enfants, et par sa propriété.

Or, il n'est pas nécessaire que ces deux
termes de l'extension du moi soient unis,
puisqu'il y a des pères qui ne sont pas
propriétaires et des propriétaires qui ne
sont pas pères; on peut donc être père et
ne pas laisser son bien à ses enfants
sans léser la justice stricte. Quand un
homme donne quelque chose à quelqu'un,
ce premier bienfait ne l'oblige pas à en
faire un second; de ce que le père donne à
ses enfants un premier bienfait, le bienfait

de la vie, il ne s'ensuit pas qu'il doive leur en donner un second, le bienfait de son héritage.

D'ailleurs, si un père de famille se ruine, soit en faisant de mauvaises spéculations, soit même en vivant dans la dissipation et la débauche, tout le monde reconnaît que ses créanciers ont le droit de lui prendre ses biens; ce qui prouve que les enfants n'ont pas droit à l'héritage du père, autrement les créanciers n'auraient pas celui de le leur prendre. Il suit de là, rigoureusement, que tout le monde reconnaît que les enfants n'ont aucun droit aux biens du père pendant sa vie; mais alors pourquoi ne lui permet-on pas de disposer des mêmes biens après sa mort.

S'il est le maître de ses biens, il faut qu'il ait le droit d'en disposer après sa mort ; et s'il n'en est pas le maître, il ne faut pas qu'il ait le droit d'en disposer sa vie durant.

Dans l'hypothèse où le père ne pourrait pas disposer de ses biens après sa mort, on ferait, au père économe et sage, une condition pire qu'au père dissipateur et prodigue.

Celui-ci aurait reçu de ses ancêtres une grande quantité de biens et il pourrait les dépenser en niaiseries ou plus mal encore; celui-là, à qui ses parents n'auraient rien laissé, qui aurait passé sa vie dans le labeur incessant et qui se serait refusé bien des jouissances, ne pourrait pas faire ce qu'il voudrait des biens qui ne sont pas autre chose que le fruit de son travail.

Une pareille doctrine est contraire aux bonnes mœurs, parce qu'elle accordé une prime à la légèreté, à l'inconduite et au vice.

Les raisons exposées en faveur de la liberté de tester pour le père de famille frappent médiocrement le peuple, qui ne les accepte pas; et cependant il reconnait la justesse et l'exactitude du raisonnement. Cela vient de ce qu'il confond dans son esprit les devoirs de justice stricte, avec ceux de charité.

Un père, de par le quatrième comman- dement de Dieu, est obligé par devoir d'amour de donner à ses enfants une posi- tion convenable et en rapport avec sa fortune. S'il ne le fait pas, il ne blesse pas le septième commandement, qui est celui qui règle nos devoirs de justice stricte, mais il blesse un commandement auquel Dieu tient davantage puisqu'il l'a placé immédiatement après ceux qui règlent nos devoirs envers sa majesté Toute-Puissante. Le père qui n'aura pas observé ses devoirs d'amour envers ses enfants sera beaucoup plus puni que l'homme qui aura pris le bien d'autrui.

Ce précepte de l'amour du père pour les enfants est si profondément gravé dans tous les cœurs, qu'il n'a pas été difficile de l'exagérer et de faire admettre qu'il faut que les enfants héritent tous également des biens paternels.

Cette doctrine ne permet pas au père de réprimer l'ingratitude de ses enfants; ceux-ci peuvent lui causer tous les chagrins et déshonorer les derniers jours de sa vie, il est forcé de leur laisser son héritage; ils peuvent le dissiper par avance et mettre leurs créanciers à leur place pour hériter des biens paternels, sans que le père puisse s'y opposer. La loi est formelle sur ce point, elle n'admet pas même une exception en faveur du vieillard de qui les enfants prodigues ont ruiné les petits-fils. Il ne pourra pas leur laisser son héritage en passant au-dessus de la tête de ses enfants.

Quelques personnes affirment que, si le père de famille pouvait disposer de ses biens comme il l'entend, on verrait souvent l'héritage paternel passer aux étrangers; il se produirait des abus si graves et si multipliés, qu'il vaut mieux que les choses existent telles qu'elles sont aujourd'hui que de laisser au père de famille la liberté de disposer de ses biens, ainsi que la loi naturelle le demande.

C'est faire aux pères de famille une injure que la presque totalité d'entr'eux ne mérite pas. C'est supposer que le père aime davantage les étrangers que ses enfants; cela peut être vrai pour quelques cas isolés et très rares, cela est faux ordinairement.

Or, il n'est pas permis, pour une exception, d'abolir la loi. En outre, le cas d'un père déshéritant sans motif ses enfants est beaucoup plus rare que celui d'un enfant héritant de ses parents contre leur gré et en dépit du sens commun.

En théorie, cette question pourrait être très longuement discutée; mais, comme elle est surtout du domaine de l'expérience, il faut la trancher par des faits.

Quelques citoyens élèvent rapidement, de nos jours, des fortunes colossales. Cela se voit aux Etats-Unis, cela se voit aussi en France. Chez nous, avec la loi du partage égal, les fils à papa, c'est ainsi qu'on appelle les enfants indignes, des citoyens devenus riches rapidement, se ruinent presque tous en peu de temps. Aux Etat-Unis, avec la loi qui laisse au père de famille le soin de disposer de son héritage comme bon lui semble, les fils à papa reçoivent des pensions alimentaires, quelquefois considérables, mais ils ne peuvent pas gaspiller l'héritage paternel qui va à d'autres plus avisés.

Ainsi, en France, les fils d'enrichis dissipent les biens paternels en peu de temps et vivent ensuite dans la misère; aux Etats-

Unis, les fils d'enrichis ne reçoivent qu'une pension alimentaire et ont toujours le nécessaire et quelquefois encore le confortable de la vie.

De sorte que, même pour les héritiers, la loi américaine est plus sage; la nôtre est détestable. Comme, d'ailleurs, on n'entend pas dire que les enfants américains sont privés sans motif de l'héritage paternel, il en serait de même en France. La loi des successions, dans ce dernier pays, est donc mauvaise sous tous les rapports.

Il vient d'être démontré que le partage égal des biens paternels entre les enfants est une injustice faite au père. Toutefois, ce n'est pas à ce point de vue qu'il doit être considéré dans ce chapitre, mais au point de vue de la plaie, et comme péril social. Cependant, il est nécessaire de faire remarquer que les enfants n'ont pas droit au partage égal du bien de leurs parents; car s'ils y avaient droit, demander que les bien paternels ne soient pas partagés également entre tous les enfants serait une injustice. Or, il n'est jamais permis de faire une injustice. D'ailleurs, il répugne qu'une injustice puisse remédier à aucun mal.

Le partage égal des biens paternels aux enfants est un mal au point de vue social parce qu'il limite la natalité. Le grand nombre des pères ne veulent pas voir morceler leur patrimoine. Il en résulte qu'ils n'ont qu'un enfant ou deux au plus. Bien des gens ne craignent pas de dire dans un langage néfaste et odieux : « Le second est l'enfant de l'erreur ».

Cette restriction de la natalité a des dangers. Souvent, la mort guette le fils unique et le prend quand il n'est plus possible de lui donner un remplaçant au foyer désert; et l'on voit deux vieillards, qui avaient peiné pour faire un héritier riche, finir leur vie misérable dans la tristesse et la désolation, parce que Dieu les a punis en les privant d'un enfant auquel ils n'avaient pas voulu donner des frères.

En d'autres circonstances, c'est la conduite du fils unique qui fait la désolation des parents. Ce fils a été gâté de toutes les manières; on lui a dit continuellement qu'il n'aurait pas besoin de travailler, qu'il serait riche. Le jeune homme a pris pied sur ces affirmations de ses parents, il a réglé ses dépenses sur leurs dires et les a ruinés. Ils travaillent et se privent de toutes choses pour lui laisser ses habitudes; malgré cela, il n'a pour eux ni respect ni reconnaissance; il leur parle rarement et pour leur dire des choses désagréables. Quand les pauvres vieux pleurent en tête à tête leurs illusions disparues, le père, qui voit s'éteindre sa race dans le désordre et la débauche, dit à sa femme à travers ses larmes : « Tu vois, tu n'as voulu qu'un enfant, Dieu nous punit ».

Le partage égal des héritages est donc une des causes de la restriction de la natalité; s'il était permis au père de famille de laisser la majeure partie de ses biens à celui de ses enfants qui serait le soutien de ses vieux jours, les familles où il n'y aurait que des fils uniques seraient très rares.

Le partage forcé des héritages nuit à l'Etat qu'il prive d'un grand nombre de citoyens; il nuit aux familles qui voient souvent disparaître l'héritier unique quand il n'est plus possible de le remplacer, ou qui souvent sont plongés dans le chagrin par la conduite de cet unique héritier. Il est encore mauvais et nuisible, parce qu'il détruit la grande propriété et qu'il morcelle indéfiniment la petite.

Cependant, il faut faire remarquer ici que lorsque une famille qui cultive une grande propriété, surtout si elle n'en est pas propriétaire, parce qu'alors la difficulté du partage est écartée, voit augmenter le nombre de ses membres, elle n'enéprouve aucune peine ; dans le plus grand nombre des cas, elle s'en réjouit. Le nouveau venu n'est pas une charge pour la famille que les besoins de l'exploitation exigent nombreuse. Il sera dans quelques années un aide précieux et il remplacera dans l'avenir les cultivateurs robustes d'aujourd'hui, quand l'âge ne leur permettra plus de donner à la terre les soins pénibles qu'elle demande.

Les choses sont tout à fait différentes quand un enfant naît de parents qui cultivent une petite propriété; qu'ils soient propriétaires du petit bien ou qu'ils en soient colons partiaires, le nouveau venu les dérange. Il représente une dépense de blé supplémentaire; or, déjà on est souvent à court sur la petite propriété; d'ailleurs ce n'est pas surtout la nourriture qui préoccupe le père de famille, ce sont les autres choses nécessaires à l'entretien de l'enfant.

Cette réflexion sur la difficulté qu'a le pauvre de nourrir une famille nombreuse amène à chercher quelles sont les causes de cette difficulté qui existe aussi pour le riche. Ce qui va être dit ne regarde évidemment pas cet être immoral, perversité devenue femme qui ne veut pas se soumettre aux charges de la maternité, soit parce qu'elle en redoute les douleurs, soit parce qu'elle veut conserver sa liberté, pour mener une vie futile et désordonnée, soit aussi parce qu'elle ne veut pas perdre les charmes de sa personne, qu'elle préfère aux marques glorieuses de la maternité.

Il est évident qu'étant donné nos mœurs actuelles, le riche ne peut pas élever une famille nombreuse. Dès qu'un enfant nait, il lui faut une nourrice et quelquefois une nourrice et une bonne. Il aura des professeurs dès qu'il saura bégayer. Il sera placé dans un collège à la mode, où l'on apprend peu, mais où l'on paie très cher. Pendant ce temps, le père et la mère de famille qui sont jeunes, vont au théâtre, donnent des soirées, reçoivent souvent leurs parents et leurs amis, etc. Leur train de maison absorbe tous leurs revenus, l'entretien d'un enfant est une lourde charge pour leur budget; ils ne peuvent pas en avoir plusieurs.

Comme rien ne force les riches à aller au théâtre, à recevoir, à donner des soirées, en un mot de vivre de cette vie inutile à la société, ils peuvent changer leur genre de vie; il faut dire même qu'ils le doivent. Sauf le cas d'impossibilité, et il est rare, la mère doit nourrir l'enfant de son lait, elle doit en prendre soin; cette occupation ne lui permettra pas de se produire au dehors. Au lieu de mettre le jeune homme dans un collège à la mode, il ira dans un collège sérieux, ce sera plus économique.

S'il n'a pas d'aptitude pour les études secondaires, on se contentera de lui donner une instruction primaire soignée. Le riche qui agirait de la sorte pourrait avoir beaucoup d'enfants. On pourrait dire au grand nombre des riches : « Moins de chevaux dans vos écuries, moins de chiens dans vos chenils, moins de domestiques dans vos châteaux et plus d'enfants autour de votre table ».

Si le riche n'a pas une famille nombreuse, c'est ordinairement sa faute; il faut en dire autant du pauvre. Le pauvre a aussi ses dépenses inutiles : le cabaret, le jeu et le reste. On peut trouver que le pauvre dépense trop, même dans son ménage; sans signaler aucune de ces dépenses, je prie le pauvre qui constate que son voisin dépense souvent beaucoup trop, de voir s'il ne fait pas lui-même les dépenses qu'il reproche à son voisin.

Cependant, il faut le reconnaître, à cause de la rupture entre la production et la consommation, il peut se faire que le pauvre ne puisse pas nourrir une famille nombreuse. L'Etat a le devoir de remplacer, dans ce cas, le père de famille. Ce droit ne lui vient pas de ce qu'il a le droit et le devoir de remplacer les citoyens dans ce qu'ils ne peuvent pas faire eux-mêmes (il a été dit au chapitre II de quelle manière il faut entendre ce droit et ce devoir de l'Etat), mais de ce qu'il a le devoir de rétablir l'équilibre entre la production et la consommation de l'ouvrier ; et jusqu'au jour où cet équilibre aura été rétabli, l'Etat aura le droit et le devoir de donner des secours aux familles nombreuses.

Alors même que cet équilibre serait rétabli à cause du bien commun des besoins de la défense nationale et de la protection efficace de la fortune publique qui demandent un Etat fort et respecté, l'Etat aurait le droit d'aider les familles nombreuses, parce que ce sont elles qui fournissent les soldats qui font sa force, et qu'il est juste que les biens que protègent les familles nombreuses paient à ces familles leur protection.

Ce raisonnement n'est juste que pour un

Etat affligé de la plaie. Ce malheureux Etat qui achète des armes pour sa défense peut acheter aussi ses défenseurs sans lesquels les armes seraient inutiles.

La dispense d'impôt accordée aux familles nombreuses est, dans la plupart des cas, une ironie. Les rares familles nombreuses qui existent encore dans notre pays sont pauvres et paient peu ou point d'impôts. Il serait plus équitable d'accorder une pension à chaque famille pour chaque enfant vivant, les deux premiers exceptés. Cette pension pourrait être allouée à chaque enfant jusqu'à sa quinzième année, époque à laquelle il peut lui-même gagner sa vie et pourvoir à ses besoins.

Ce n'est pas au point de vue des difficultés qu'a la famille à élever ses enfants que certains moralistes se placent pour limiter l'expansion de la race humaine. Ils craignent que la terre ne puisse pas nourrir ses habitants devenus trop nombreux. Ces craintes, disent ceux qui se sont occupés de la question, n'ont aucun fondement. Il y a trop de terres incultes pour que cela puisse préoccuper la génération actuelle. Aux calculs des savants, il faut ajouter cette raison, la meilleure, à savoir : que Dieu, qui a mis l'homme sur la terre et qui préside à sa multiplication, lui fournira le pain de chaque jour.

C'est un fait d'expérience que la terre produit davantage quand elle est cultivée par un plus grand nombre de bras. Personne n'est admis à dire que si les hommes étaient bien plus nombreux, la terre ne rapporterait pas beaucoup plus. On ne pourrait savoir la chose que si l'expérience avait été faite; or, elle n'a été faite qu'en partie et il faut ajouter à rebours. Il y avait autrefois, dans certains villages, une population presque double de l'actuelle. Les vieillards, témoins de la production passée, affirment que la même métairie rapportait le double et même davantage, il y a soixante ans. Quand on leur demande la cause de cette baisse dans la production, ils répondent en jetant un regard douloureux sur leurs membres affaiblis : nous manquons de bras.

Il n'est rien de plus déplorable que de

voir l'affection du peuple pour la plaie. Si un enfant vient après quelques années de mariage, tous les citoyens se moquent de celui qui va être père et le tournent en dérision. Les grands-parents sont les plus acerbes et les plus injustes : ils l'accablent d'insultes en termes qui feraient rougir les habitués des halles ou des lieux de débauche.

Les amis et les connaissances font détester au frère aîné celui qui va venir et lui montrent déjà le partage forcé du petit héritage paternel, car au fond de cette haine du peuple pour l'accroissement de la population, il y a toujours cette cause maudite et ordonnée par la loi : le partage forcé et presque égal de l'héritage du père à ses enfants.

CHAPITRE VII

De la Religion.

Il y a des sociétés auxquelles l'homme peut demeurer totalement étranger sans manquer à aucun de ses devoirs. Il y a, au contraire, une société à laquelle tout homme est obligé d'appartenir en conscience, c'est la société religieuse.

L'obligation pour tout être raisonnable de faire partie de la société religieuse vient de la volonté de Dieu. Il aurait pu établir les choses autrement; mais la question n'est pas de ce qui pourrait être, mais de ce qui est. Or, la presque totalité de l'espèce humaine, d'accord avec la révélation, affirme que Dieu a établi la société religieuse et a imposé à l'homme l'obligation stricte d'en faire partie.

Il n'est pas nécessaire d'établir ici quelle est la vraie religion ni de réfuter cette maxime déplorable : « Toutes les religions sont bonnes. » Cependant, on peut se demander comment un homme peut croire que Dieu se trouve également honoré par l'affirmative et la négative, la vérité et l'erreur; car les religions ont souvent entre elles une morale différente et des dogmes opposés. Celui qui écrit ces lignes doit ajouter qu'il ne comprend pas qu'un homme assez instruit pour se rendre compte de la chose, après avoir étudié quelle est la vraie religion, ne reconnaisse pour véritable celle qui a été établie par Jésus-Christ et dont le Pape, évêque de Rome, est le chef.

Personne n'a le droit de dire à un homme pratiquant une religion qu'il est de mauvaise foi. C'est un principe de charité chrétienne et de bon sens de croire que personne ne veut damner son âme et la conduire de gaieté de cœur dans le brasier effrayant, ministre des justices éternelles.

De ce qu'il n'y a qu'une religion vraie, il faut conclure en théorie que l'homme n'a le droit de faire partie que de cette religion et que par conséquent il n'y a qu'une religion, que le pouvoir et les citoyens, chacun dans la mesure de leurs forces, doivent laisser exister.

Il est donc faux de dire en théorie que l'Etat doit admettre la liberté des cultes, accorder à chacun d'eux une égale protection et se désintéresser totalement de la question religieuse.

En général, l'homme qui pratique une religion qui n'est pas la vraie, ne croit pas être dans l'erreur. De sorte que, pratiquement, son devoir est de suivre les préceptes de cette religion. S'il lui arrive d'y manquer, il fait mal. Si quelqu'un l'empêche de pratiquer cette religion, il est obligé en conscience de résister, dût-il, pour défendre sa foi, monter sur l'échafaud.

On se trouve donc quand on est en présence de quelqu'un qui pratique une religion fausse : 1º d'une religion qu'il faut empêcher et 2º d'un homme qui, en conscience, est obligé de la pratiquer. Cette situation a donné naissance à ce qu'on est convenu d'appeler : La tolérance en matière de religion.

Ce mot de tolérance a eu et a encore les significations les plus diverses et les plus opposées. Il faut entendre ici, par ce mot, la doctrine de ceux qui ne reconnaissant qu'une seule vraie religion à laquelle appartient exclusivement le droit d'exister, tolèrent que les hommes convaincus qu'une autre religion est la vraie, la pratiquent sans être persécutés.

Les Pontifes romains sont les plus anciens et les plus parfaits des tolérants. S'ils n'avaient pas toléré et jusqu'à un certain point protégé les juifs, le moyen âge aurait épargné à notre époque d'avoir à trouver la solution de la question juive. Il est à souhaiter pour les juifs que quand l'Europe, fatiguée et meurtrie, traitera définitivement cette question, la voix du Pape soit assez puissante et son autorité assez reconnue pour qu'il puisse empêcher les nations de les détruire entièrement.

Le premier Etat qui ait décrété la liberté religieuse est un Etat catholique : Le Maryland. Dans sa Constitution de 1634, cet Etat déclare : Qu'aucun individu ne pourra être recherché, inquiété ou molesté pour cause d'opinions religieuses.

Ordinairement, les partisans des idées de tolérance sont des tyrans, comme les libéraux sont les pires et les plus insupportables des autoritaires. Après avoir décrété les droits de l'homme et la liberté religieuse la plus complète, la Révolution française envoya à l'échafaud les catholiques qui ne voulaient pas renier leur foi. Il suffit de lire une page quelconque d'histoire pour voir comment les réformateurs de tous les temps ont pratiqué la tolérance.

Pour être complet, après avoir dit que Le Maryland la pratiqua loyalement, il faut ajouter que les protestants qui se réfugièrent dans cet Etat pour y trouver la liberté religieuse firent la guerre aux catholiques en 1686 et en 1692; cette dernière leur fut favorable ; ils en profitèrent pour persécuter les catholiques et les empêcher de pratiquer leur religion.

Puisque cette question de tolérance nous a amenés à parler des Etats-Unis, il faut rendre ce témoignage à ce pays de la liberté, que les hommes peuvent y pratiquer chacun sa religion sans avoir à craindre d'être persécutés ou même mal vus par le pouvoir.

Dans l'état actuel du monde, il semble qu'il serait à souhaiter qu'il en fût de même dans tous les pays.

En Europe comme en Amérique, il est rare actuellement que les hommes soient persécutés pour leur foi religieuse en théorie. En pratique presque partout le pouvoir civil européen opprime la société religieuse : quelquefois au nom de la liberté de conscience, d'autres fois au nom de la tolérance religieuse, le plus souvent au nom de la suprématie du pouvoir civil sur le religieux.

Comme il arrive bien souvent que c'est au nom de ces trois choses à la fois que le pouvoir civil persécute la religion, il n'est pas possible de classer et de réfuter les erreurs modernes sous chacune de ces dénominations particulières. Mais étant admis que l'homme a le droit et le devoir de pra-

tiquer la vraie religion, nous allons voir
quels sont les principaux empiètements de
l'Etat. Chaque citoyen verra s'il doit accorder en pratique et par tolérance, aux membres des religions fausses, ce qui est un
droit pour les membres de la vraie.

Il est faux de dire que le pouvoir civil a
la suprématie sur le religieux, si par suprématie on entend la subordination d'un
pouvoir à l'autre.

On doit se souvenir que ces deux pouvoirs ne sont pas du même ordre, que leur
action s'exerce en un champ différent et
sur des matières absolument distinctes. Le
pouvoir civil a, pour objet principal les
biens temporels; il n'a le droit de s'occuper
du bien des âmes qu'en tant que ce bien
influe assez directement sur celui des corps.
Le pouvoir religieux, au contraire, a pour
objet unique le bien des âmes. Il ne s'occupe des questions temporelles qu'autant
que ces questions influent sur le bien des
âmes ou sont une nécessité de son existence.

Dire qu'un de ces pouvoirs est subor-

donné à l'autre est une inexactitude, puisque la subordination des pouvoirs ne peut
exister que quand ils s'exercent sur le
même objet. Ainsi le pouvoir du lieutenant
est subordonné à celui du capitaine, ce
dernier à celui du colonel, etc. Mais le
pouvoir du curé n'est pas subordonné à
celui du maire, celui de l'évêque à celui du
préfet, ni réciproquement.

Toutefois, comme ceux qui exercent le
pouvoir civil ont une âme qu'ils peuvent
perdre ou conduire au ciel selon qu'ils ad-
ministrent bien ou mal, le pouvoir religieux a le droit et le devoir de juger au
point de vue moral les actes des fonctionnaires civils, pris en cette qualité.

Si le jugement moral porté par le pouvoir
religieux des actes des fonctionnaires civils
est considéré comme cause de subordination des pouvoirs, encore qu'il ne le soit
pas réellement, il est vrai de dire que le
pouvoir civil est subordonné au religieux.
A ce point de vue, la chose n'est pas une
nouveauté; et quand Dieu envoyait ses
prophètes aux rois de Juda ou d'Israël, aux

princes de Ninive ou à ceux de Babylone, il établissait lui-même et sans conteste la suprématie du pouvoir religieux sur le civil.

C'est donc une erreur profonde de dire que les prêtres tiennent leur pouvoir de l'Etat et sont des fonctionnaires.

Il vient d'être démontré, en effet, que le pouvoir civil et le religieux sont distincts, que ce dernier n'a pas son origine dans l'Etat; par conséquent, ceux qui détiennent le pouvoir religieux ne sont ni les représentants ni les aides de l'Etat; donc ils ne sont pas fonctionnaires. Si l'on veut absolument appeler les ministres de la religion fonctionnaires, il faut les appeler fonctionnaires de Dieu, puisque c'est lui qu'ils remplacent et qu'ils représentent.

Est-il besoin de relever cette ineptie que répètent chaque jour un certain nombre de journaux plus ou moins libres-penseurs? Les ministres de la religion sont des fonctionnaires puisque le gouvernement les paie.

Le gouvernement paie les ministres de la religion, mais il ne les paie pas en tant que fonctionnaires, mais en tant que créanciers. C'est en échange des biens pris au clergé par la Révolution de 89 que l'Etat fournit le budget des cultes. Il est aussi inexact de dire que les curés sont des fonctionnaires parce que l'Etat les paie, que de dire que les rentiers sont des fonctionnaires parce que l'Etat les paie.

L'Etat français fait peser sa tyrannie de toute manière sur les ministres de la religion. Il ne leur laisse pas même la liberté de prêcher. Si un prêtre disait en chaire : « Mes frères, voter pour un tel, c'est commettre un péché mortel », l'Etat poursuivrait ce prêtre et lui supprimerait le traitement. En pareil cas, le gouvernement serait d'autant plus coupable qu'il n'admet pas en théorie de candidature officielle et que par conséquent il ne doit prendre parti pour aucun candidat.

Or, c'est un devoir pour le prêtre de dire que donner sa voix à un ennemi de la religion est une faute très grave. Il doit avoir les mêmes droits que les membres des diverses sociétés reconnues ou non. Si le syn-

dicat agricole de X... peut recommander une
canditature, si les associations ouvrières
peuvent avoir leur candidat, si la Franc-
Maçonnerie peut faire nommer les détenteurs du pouvoir et leur inposer sa volonté, les ministres de la religion ont
aussi le droit de dire : « Tel candidat est
favorable à nos idées, tel autre lui est hos-
tile ; un chrétien qui lui donne sa voix
commet une faute très grave. »

Pour rendre l'exclusion du prêtre plus
intelligible, ses ennemis ont inventé la
formule : « Le curé à la sacristie. » Ils ne veulent pas même qu'il soit le maître dans son
église, il faut qu'il s'enferme dans la sacristie où personne ne le verra, et d'où il
ne parlera à personne. Si, par aventure, un
prêtre, oubliant qu'un jour Dieu lui repro-
chera d'avoir été un chien muet, n'accomplit aucun de ses devoirs sociaux et presque aucun de ses devoirs d'état, ses
ennemis font son éloge. Voilà, disent-ils,
un bon curé ; il ne s'occupe de rien.

Il n'y a peut-être personne qui soit plus
à plaindre sur cette terre que le curé dont

les ennemis de la religion font l'éloge. On ne saurait trop recommander à ce prêtre de méditer certaines paroles de Cassagnac. Un jour, cet homme politique parlait à la tribune de la Chambre française; la gauche, à un certain moment, applaudit. Il s'arrêta tout interloqué. Comme on paraissait étonné de cette absence que rien ne justifiait, et qui d'ailleurs était loin de ses usages: « Messieurs, dit-il, je me demande quelle est la sotise que je viens de dire; on applaudit de ce côté-là de l'Assemblée ».

Pour les ennemis de la religion, le curé modèle est celui qui ne s'occupe de rien. Cependant, supposez que ce curé vienne à disparaitre. Il n'y aura aucune différence entre ce qui existera après sa disparition et ce qui existait avant. De sorte que le curé modèle est celui qui ne fait rien, qui ne sert à rien, et pratiquement qui n'existe pas.

On peut appliquer à ce curé ces paroles de l'Ecriture : Pourquoi occupes-tu la terre? Il doit se souvenir qu'il y a deux choses qui déshonorent également : le blâme des amis et les éloges des ennemis; comme aussi, il y a deux choses qui honorent également : les éloges des amis et le blâme des ennemis.

Il y a un grand nombre d'hommes politiques qui parlent de la séparation des Eglises et de l'Etat. Chacun d'eux entend cette séparation à sa manière. Pour certains, la séparation des Eglises et de l'Etat consiste dans la suppression du budget des cultes; pour les autres, cette séparation ne serait pas autre chose que l'abolition publique du culte et la persécution des hommes qui pratiquent une religion.

On ne doit pas confondre la séparation des Eglises et de l'Etat avec la suppression du budget des cultes. Des diverses manières de pourvoir aux nécessités temporelles du culte le budget fourni par l'Etat est une des plus imparfaites. Il vaudrait mieux que chaque société religieuse eût ses biens, qu'elle administrerait elle-même, comme le droit naturel le lui accorde. Les ministres de la religion y gagneraient en liberté; l'Etat y gagnerait de pouvoir diminuer les

impôts de la somme représentée par le
budget des cultes, il y gagnerait encore et
surtout parce qu'il ne serait pas tenté de
persécuter la religion. Il pourrait donc,
plus aisément, pratiquer la justice, qui est
la colonne la plus puissante et le plus
ferme appui des Etats.

Remarquons qu'il n'est pas possible
d'entendre par la séparation des Eglises et
de l'Etat la séparation des pouvoirs, de
manière à ce que le pouvoir civil et le pouvoir religieux soient totalement étrangers
l'un à l'autre. A plus forte raison ne faut-il
pas entendre par la séparation des Eglises
et de l'Etat la suppression des Eglises par
l'Etat. Cependant, pour le grand nombre
des partisans de cette séparation, elle ne
doit se faire que de l'une ou l'autre de ces
deux manières.

Le pouvoir civil et le pouvoir religieux
ne peuvent pas être totalement étrangers.
La morale influe sur le bonheur temporel,
l'aisance et le bonheur temporel influent
sur la morale. Les anciens appelaient la
faim une mauvaise conseillère. De fait, les

époques de famine ont été celles où il y a
eu le plus de crimes et celles aussi où ils
furent les plus grands. C'est à ces tristes
époques qu'il faut remonter pour trouver
des mères assez dénaturées pour tuer leurs
enfants et s'en nourrir. Or, on ne peut pas
mettre ces crimes atroces sur le compte
des mœurs d'un autre âge. Il y a quelques
années à peine, quatre ou cinq marins,
échappés au naufrage et privés de tout sur
leur chaloupe, ont égorgé un petit mousse
pour boire son sang.

Il est donc plus facile à un homme, qui
n'est pas pressé par les nécessités de la
vie, d'être vertueux, qu'à celui dont la misère est extrême. Il est plus facile pareillement à un homme vertueux de ne pas
troubler l'Etat qu'à un homme qui n'a
aucune morale. Il n'y a pas bien longtemps
qu'un tout jeune homme, que ses crimes
avaient conduit à l'échafaud, disait au peuple avant de livrer sa tête : « Si j'avais
connu la religion, je n'aurais pas fait la
guerre à la société ». Les statisticiens nous
affirment chaque jour que là où la morale

baisse la criminalité augmente ; qu'en France, en particulier, ce sont les départements les moins religieux qui fournissent, à proportions égales, le plus grand nombre de criminels.

On raconte qu'un des derniers rois de France, interrogé pour savoir s'il voulait donner à ses lois la sanction de la morale religieuse, aurait répondu : « Pour faire observer les lois, j'ai les gens d'armes. » Quelques jours après, ses gens d'armes et son armée victorieuse, encore qu'elle fut commandée par les membres de sa famille, ne purent pas lui conserver le trône. « La canaille nous déteste tous deux, disait un brigadier à un curé de campagne. Vous, parce que vous représentez la morale, moi, parce que je fais partie de la force publique. »

Au chapitre de la loi, il a été démontré que la loi qui n'a pas de sanction n'est pas une loi. Or, la sanction morale appuie la loi bien plus que la sanction matérielle. La plupart des lois françaises sont comme celles de Solon : des toiles d'araignée qui retiennent les mouches, mais que les gros insectes traversent impunément. Il est donc malheureusement facile d'échapper à la sanction matérielle de la loi, mais il est impossible d'échapper à la sanction morale, ou, ce qui est la même chose, au châtiment divin. Une société qui se sépare entièrement de l'idée morale, commet donc une très lourde faute, parce qu'elle retire à ses lois, et par conséquent à son bien-être matériel, son appui le plus ferme et le plus inébranlable.

L'Etat a donc intérêt à ce que la morale appuie ses lois, il a par là même intérêt à ce que la religion, source de toute morale, existe. Même à ce point de vue, la supprimer serait un mal.

En outre, cette suppression lèserait les droits des citoyens. Ils ont le droit de faire tout ce qui n'est pas mal, ils ont donc celui d'appartenir à une société religieuse; et, de plus, c'est pour eux une obligation de conscience. Il a été démontré que toutes les sociétés ont le droit d'être protégées par l'Etat. La société religieuse a donc le droit d'être protégée par l'Etat, comme les autres sociétés, plus même que les autres. Cette protection spéciale lui est due, non pas parce que les citoyens ont plus le droit de faire partie de cette société que d'une société quelconque, mais parce que l'exercice de ce droit prime tous les autres. Car la pratique de la religion est la cause principale du bonheur de l'homme ici-bas, et la cause unique de son bonheur céleste.

Ainsi la séparation des églises et de l'Etat, de quelque manière quelle soit entendue, est condamnable et constitue une erreur dangereuse. Il n'y a d'exception que si l'on confond la séparation des églises et de l'Etat avec la suppression du budget des cultes. Cette suppression peut devenir à un moment donné une nécessité. Si le pouvoir civil, pour y procéder, sait s'entendre avec le pouvoir religieux, elle ne sera pas un mal, peut-être même sera-t-elle un très grand bien.

La question de la séparation des églises et de l'Etat amène naturellement à parler du droit qu'a la société religieuse de posséder.

Il a été démontré, au chapitre de la Société, que les sociétés ont le droit de posséder, puisque la possession est une des nécessités de leur existence.

En France, on ne refuse généralement pas à l'Eglise de posséder, parce qu'elle n'en a pas le droit, mais parce que si on le lui permettait, dans peu de temps ses biens deviendraient si considérables, qu'ils constitueraient un danger national, ou tout au moins parce qu'ils accroîtraient outre mesure le nombre des prolétaires.

Ceux qui font une pareille assertion ne disent pas en quoi les biens de l'église de France, fussent-ils de la totalité du territoire, pourraient constituer un danger national. On ne peut donc que nier que la chose serait ainsi, en ajoutant qu'il ne paraît pas en quoi la patrie serait en danger, parce que les terres au lieu d'appartenir au citoyen laïque X ou Y, appartiendraient au citoyen curé V ou Z.

L'histoire contredit d'ailleurs cette affirmation. Il y avait, en 1789, treize ou quatorze sièles que l'Eglise de France avait commencé de posséder; et elle n'avait à cette époque qu'une partie minime du territoire. Il serait puéril d'affirmer que le clergé n'était pas riche ; mais ses revenus considérables, surtout en certaines contrées, avaient moins pour origine les propriétés terriennes que la dîme, et les rentes qui affectaient les biens laïques.

L'abus d'une chose ne doit pas la faire condamner, autrement il n'y aurait rien sur la terre dont l'homme put faire usage. Personne, en effet, ne pourrait plus ni manger, ni boire, ni s'habiller, ni porter des armes, etc., parce qu'on abuse de cela chaque jour. Enfin, qui dit abus d'une chose, reconnaît par là même qu'elle est permise tant qu'elle demeure dans les limites du raisonnable.

Les sociétés catholiques n'abusent jamais longtemps. Il suffit, quand un abus se produit, de le signaler à Rome, et le Saint-Père met fin immédiatement à l'ordre mauvais des choses.

La théorie ne permet pas de dire que les biens de l'église constitueraient un abus.

Il est plus exact d'affirmer que la trop grande quantité des biens ecclésiastiques pourrait avoir des inconvénients. C'est pour obvier à ces inconvénients que l'Etat, d'accord avec Rome, pourrait mettre certaines limites au-delà desquelles chaque paroisse ou chaque société religieuse ne pourrait plus posséder le sol, mais elles pourraient toujours augmenter leur fortune mobilière. Si les innombrables millions qui s'engouffrent chaque année dans les mains des trois ou quatre juifs puissants qui habitent la France étaient répartis entre les prêtres et les religieux de ce même pays, ces millions seraient dépensés un peu partout sur toute l'étendue du territoire. Le peuple y gagnerait doublement, il lui reviendrait une part sur ces dépenses, et cet or ne servirait pas à drainer celui qu'il amasse lui-même si péniblement.

Le droit de posséder entraîne nécessairement celui d'administrer (ch. 2). Cependant l'Etat français refuse à l'Eglise non seulement le droit d'administrer ses biens, mais encore celui de réparer ses immeubles comme elle l'entend. Il faut être passé par la filière interminable de l'administration civile pour savoir combien de chinoiseries sont requises pour ouvrir une fenêtre, ou placer quelques briques sur un clocher.

Nulle part l'Etat n'est si tyrannique comme dans la question de la comptabilité des fabriques. L'exigeance du pouvoir civil est à tel point contraire à la liberté et au bon sens, que les partisans de cet abus le font remonter au ministère de Monseigneur de Fraysinous. C'est, disent-ils, quand ce prélat était ministre des cultes, que la loi actuelle fut étudiée, et on n'a fait que mettre en vigueur l'œuvre que cet évêque ne put terminer faute de temps.

Il ne faut jamais faire valoir une idée, parce que telle ou telle personne l'a défendue; il ne faut pas non plus dire que telle ou telle loi est bonne parce qu'elle a été faite par tel ou tel personnage. La valeur de la loi ne vient pas de ce qu'elle a été faite par tel auteur, mais de ce qu'elle est conforme au droit naturel et utile au bien public.

C'est surtout en ce qui concerne les auteurs des lois et leurs applications que l'histoire nous apprend que tout homme est sujet à se tromper, et donne raison au proverbe chrétien : *Omnis homo mendax.* Puisque nous parlons ici d'un évêque législateur, rappelons que ce fut un évêque qui condamna Jeanne d'Arc, et que ce fut un autre évêque qui livra Jésus-Christ. Ces défections ne déshonorent pas le corps épiscopal qui a produit les plus grands saints et les ministres les plus remarquables.

C'est une erreur de dire : M⁰ʳ de Fraysinous était partisan de la loi sur les Fabriques ; donc cette loi est bonne. Si l'on veut accepter comme critérium de la justice d'une loi l'opinion des évêques, que l'Etat les consulte sur la loi actuelle, il verra ce qu'en pensent les évêques de nos jours qui n'ont pas, grâce à Dieu, les préjugés régaliens de M⁰ʳ de Fraysinous.

Pour faire accepter cette loi inique par le peuple et par les innombrables écervelés du Palais Bourbon, ses auteurs appellent l'argent des fabriques : deniers publics. Les deniers publics sont produits par l'impôt et servent à la commune, à la province, ou à l'Etat, pour le bien matériel des citoyens. Il est indispensable, pour qu'une somme puisse être qualifiée : Deniers publics, quelle soit produite par l'impôt. L'argent des fabriques n'est pas produit par l'impôt, il ne peut donc pas être qualifié : Deniers publics.

Il n'y a peut-être pas deux sociétés dont le but soit plus différent que celui que se proposent l'Eglise et le théâtre. Cependant leurs sources de revenus ont une grande ressemblance et l'emploi de ces revenus a pareillement une analogie parfaite. La location des bancs et des chaises constitue la principale source des revenus d'une église. Le prix des places constitue la principale source de revenus d'un théâtre. Les fabriques emploient leurs revenus à l'ornementation des églises et au salaire des employés; les théâtres emploient leurs revenus pareillement à l'ornementation de la salle de spectacle et au salaire des employés. Pourquoi l'Etat, qui considère les deniers des églises comme publics, ne considère-t-il pas les revenus des théâtres aussi comme publics?

Il n'y a aucune raison pour qu'au point de vue de la comptabilité l'Etat n'assimile aux revenus des églises; demain, ceux d'un théâtre; après demain, ceux des sociétés financières; et dans quelques jours, ceux même d'une famille. Comme on le voit, cette loi sur la comptabilité des fabriques, outre qu'elle est injuste, odieuse et tyrannique, ouvre la porte aux plus grands abus.

Au chapitre de la liberté il a été établi qu'une société démocratique peut absolument exister sans privilèges; il s'agit évidemment de privilèges personnels. Il est de l'essence d'un Etat qu'il y ait dans son sein des privilèges accordés à certaines sociétés. Ainsi les monopoles sont des privilèges.

En règle générale, toutes les fois qu'il est nécessaire ou simplement très utile à l'existence d'une société qu'elle ait des privilèges, elle y a droit, et l'Etat est obligé de les lui accorder. La raison en est que la société qui a droit d'exister, a droit à ce qui est indispensable ou seulement très utile à son existence.

La loi des séminaristes à la caserne est donc une injustice et une tyrannie, elle l'est d'autant plus, qu'après avoir appris pendant un an à manier le fusil, les séminaristes en temps de guerre feront partie du corps des infirmiers. Un médecin, très radical et athée, disait en parlant de cette loi : « Elle est inepte; s'il vient une guerre, on me donnera des aides sans expérience; on ferait beaucoup mieux d'envoyer les séminarites à l'hôpital, où je leur apprendrais à panser les plaies et à donner les premiers soins aux blessés, que de les faire manœuvrer sur la prairie des filtres. »

Cette loi a été admise par respect pour le principe de l'égalité. Il a été démontré que l'égalité entre les choses de ce monde ou les êtres humains est impossible. Il n'y a qu'une égalité possible et raisonnable : l'égalité devant la loi. Encore ne faut-il pas entendre ce mot d'égalité au sens de nivellement. Si les droits et les devoirs des citoyens sont efficacement protégés par la loi, celle-ci est égale pour tous, et les citoyens sont égaux devant elle. C'est là ce qu'il faut entendre par égalité devant la loi, et on ne peut pas entendre autre chose.

Ce n'est pas en vertu de l'égalité que les hommes sont soumis à telle ou telle loi, mais en raison de leurs fonctions, ou de leur position sociale. Il y a des lois pour les notaires ou les avoués qui ne regardent pas les avocats, et à plus forte raison les commerçants. Il existe un code militaire auquel échappent les civils, etc. Différentes corporations, en même temps qu'elles ont des charges spéciales, ont aussi des privilèges. Ces privilèges, au lieu de détruire le principe de l'égalité devant la loi, le confirment, parce qu'ils établissent la compensation des charges de par la loi.

La compensation de par la loi consiste en ce que le citoyen qui a des privilèges rend à la société un bien qui au moins compense le tort que lui causent ces privilèges. C'est un privilège que le chauffeur, le mécanicien et le conducteur aillent chaque jour d'un bout de la France à l'autre, et soient payés de ce chef, quand le plus humble voyageur qui veut monter dans un train pour se rendre à quelques kilomètres de distance est obligé de payer. Mais ce privilège est compensé, parce que si le train n'avait ni chauffeur ni mécanicien ni conducteur, il ne pourrait pas marcher.

Les services que le clergé rend à la morale, aux bonnes mœurs et partant au bien, matériel de l'Etat lui donnent le droit, de par la loi de compensation, d'être exempté des charges militaires. Cette exemption est encore utile à l'armée à cause de la plus grande somme de courage que le même militaire possèdera s'il est chrétien. Ce n'est pas dix où quinze mille hommes en plus ou en moins qui décideront de la victoire dans la future conflagration du monde. Ce chiffre de soldats comparé à celui des masses qui se disputeront l'empire de l'univers, est une quantité tout à fait négligeable.

La victoire dans les guerres futures appartiendra aux soldats les plus valereux; le clergé, en enseignant la religion et en élevant le niveau moral du futur soldat, établit les bases du courage réel et participe au succès final bien plus efficacement qu'il ne pourrait le faire en envoyant quelques-uns de ses membres sur les champs de bataille.

Le rôle de l'armée n'est pas exlusivement d'assurer la paix et la sécurité du territoire; sans doute, ce rôle est le principal, mais il en est un autre plus glorieux et plus honorable : celui d'étendre la civilisation et de soumettre à l'influence légitime de la patrie les contrées encore babares. Le sang du soldat qui coule dans les expéditons lointaines profite à la nation. Or, il est un soldat, le missionnaire, qui ne dépend pas du ministre de la guerre, mais qui fait aimer et chérir la France au dehors plus que ne le firent jamais aucune armée. Le sang du missionnaire arrose bien souvent les plages inhospitalières; et le nombre de ceux qui meurent à la tâche, ainsi que le nombre des apôtres qui meurent par suite des fatigues ou de la malignité du climat, qui pourra jamais le compter?

Cette armée, qui ne coûte rien au budget de la guerre et qui étend bien plus que l'autre l'influence de la patrie, ne prend-elle pas, sous une autre forme, les charges militaires du clergé? Les missionnaires qui meurent en versant leur sang sont proportionnellement plus nombreux que les soldats qui périssent sur le champ de bataille ou des suites de leurs blessures. Ainsi le clergé paie l'impôt du sang et, à ce point de vue encore, il a le droit d'être exempté, des charges militaires.

Il ne faudrait pas conclure de ce qui précède que le clergé n'a aucun rôle purement militaire à remplir. Partout où il y a des chrétiens doit être le prêtre. L'armée composée de chrétiens a droit au service religieux; elle a donc le droit d'avoir ses curés qu'elle appelle des aumoniers. Chaque caserne devrait en avoir un et chaque soldat devrait pouvoir, le dimanche, entendre la messe; c'est son droit, et c'est le devoir de l'Etat de pourvoir au service religieux militaire.

Il y avait autrefois, de ci de là, quelques aumoniers; l'Etat les a supprimés en temps de paix. Cette mesure inique, que personne ne réclamait, a été prise en haine de la religion. C'est en haine de la religion que l'Etat a enlevé au soldat le premier de ses droits, celui de servir Dieu. C'est en haine de la religion aussi, que l'Etat a appelé le séminariste à la caserne; il suffit de lire la discussion de la loi dite des curés sac au dos, pour voir quelles furent les intentions du législateur; il suffit de lire les feuilles de l'époque pour voir ce que le député, prenant la plume du journaliste, disait de cette loi.

Elle a été faite en haine de Dieu. Les Français de France, ceux pour lesquels la patrie est autre chose qu'un vaste champ d'écus toujours prêt pour la moisson, tremblent à la pensée des douloureuses surprises que pourrait nous ménager la prochaine guerre. Car il pourrait se faire que Dieu, qui est le Dieu des combats, ne fut pas du côté d'une armée qui fut faite en haine de son nom béni.

CHAPITRE VIII

Du Monopole.

On appelle monopole le droit que l'Etat se réserve ou concède à une Société ou à un individu, de faire quelque chose à l'exclusion de toute autre Société ou individu.

Il ressort de la notion du monopole que l'Etat, en se le réservant ou en l'accordant, prive la majeure partie des citoyens de l'exercice d'un ou de plusieurs droits.

Pour que le monopole soit acceptable et ne devienne pas une tyrannie, il faut que les citoyens privés de l'exercice d'un ou de plusieurs droits, trouvent dans le fonctionnement du monopole une compensation suffisante à leurs droits perdus.

Cette compensation n'est suffisante que lorsque les citoyens ne peuvent que très difficilement user par eux-mêmes des droits qui leur sont enlevés ; et que, sans cette concession du monopole, personne, ni Société, ni individu, n'oserait entreprendre ce qui en fait l'objet.

Ainsi, pour ce qui est du monopole des chemins de fer, il est évident qu'aucune Société ne se formerait pour construire une voie ferrée dans une vallée quelconque, si cette vallée pouvait être exploitée par plusieurs Compagnies. La raison en est qu'aucune Compagnie ne couvrirait ses frais.

La concession du monopole est une assurance morale donnée à celui qui fait une entreprise, que l'argent qu'il y dépense rapportera un intérêt convenable. Mais, en même temps que l'Etat donne cette assurance à l'entrepreneur, il faut qu'il l'empêche de faire du monopole un instrument de tyrannie ou de rapport usuraire de son argent. En conséquence, l'Etat doit avoir soin que les capitaux engagés dans une entreprise de ce genre ne rapportent pas au delà du taux admis par la loi, ou du taux ordinaire dans les pays où la loi ne règle pas le loyer de l'argent. La raison en est que le monopole est concédé pour le bien de la communauté et non pas pour celui des actionnaires; ce qui aurait lieu si ceux-ci en retiraient un avantage pécuniaire exagéré.

Le monopole entre les mains d'une Société devient très rarement un instrument de tyrannie ; il n'en est pas de même malheureusement quand l'Etat s'en réserve l'exercice.

Un grand nombre d'Etats se réservent les divers monopoles : des postes, des tabacs, de l'eau-de-vie, etc. Le motif qu'on allègue pour légitimer ces divers monopoles, c'est que l'Etat, en se les réservant, en retire un grand avantage pécuniaire et n'est pas obligé de frapper de si lourds impôts les objets plus utiles à la vie des citoyens.

La raison serait bonne si l'Etat, en concédant le monopole à une Compagnie, ne pouvait pas en retirer les mêmes avantages. Mais si l'Etat veut faire rapporter à un monopole une somme quelconque, il le peut aussi aisément s'il en concède l'exercice à autrui que s'il l'exerce lui-même. Il est donc faux que l'Etat se réserve l'exercice des monopoles, parce qu'ils sont pour lui une source de revenus.

D'ailleurs, il y a de graves raisons pour que l'Etat n'exerce aucun monopole directement et par lui-même. Le personnel qu'exige l'exploitation du monopole est sous la dépendance immédiate du gouvernement. Le moment des élections venu, le gouvernement fait entendre, à tous ceux qui sont sous cette dépendance, qu'il faut voter comme il le veut ou se retirer. Bien plus, il arrive très souvent que les malheureux employés des monopoles sont obligés de faire une propagande qui répugne à la morale et quelquefois aussi à leur caractère. La conséquence de cette propagande et de ces votes forcés est que ceux qui arrivent au pouvoir ne sont pas ceux que la nation librement consultée aurait désignés. Grâce au monopole, l'Etat a un gouvernement illégitime, et il n'est pas rare que ce gouvernement soit une tyrannie.

A côté de cet inconvénient, le plus grave de tous, il en est un autre qui, à lui seul, devrait forcer l'Etat à se défaire de tous les monopoles, je veux parler des emplois accordés par faveur. Au lieu de faire monter peu à peu les petits employés et d'exciter ainsi leur zèle à l'accomplissement de leurs devoirs, l'Etat accorde les places les plus élevées et les plus rémunératrices de ses monopoles à des gens qui n'ont rendu que des services électoraux, ou qui sont amis ou parents d'électeurs influents, ou des membres du gouvernement. De sorte que les emplois principaux des monopoles ne sont plus que des récompenses électorales.

Comme, d'ailleurs, les hautes places des monopoles sont multipliées au delà de ce que demandent les besoins réels de l'administration, il s'ensuit que beaucoup de hauts employés touchent une solde pour ne rien faire ou pour faire un travail insignifiant. Là où il y a quatre employés supérieurs, un seul suffirait ordinairement. Les trois autres touchent un paiement illégitime, et l'Etat, qui le leur accorde, vole les contribuables.

Alors même que les gouvernants n'auraient pas intérêt à augmenter au delà des besoins les hauts emplois des monopoles, leur exploitation par l'Etat serait encore une faute, au point de vue pécuniaire. De fait, et dans toutes les nations, tout travail exécuté pour le compte de l'Etat se fait moins bien et coûte plus cher, toutes choses égales d'ailleurs, que le même travail exécuté pour le compte d'un particulier. Or, l'Etat, qui doit être bon père de famille, n'a pas le droit de prendre, dans la perception des impôts, la manière la plus coûteuse; il doit prendre la plus économique. Le contribuable ne paie pas les impôts pour qu'ils soient gaspillés, mais pour qu'ils soient employés selon les règles d'une sage et prudente économie.

On peut répondre qu'il n'est pas nécessaire que l'Etat, pour faire exécuter un travail, dépense plus qu'un particulier. Cela est vrai au point de vue des principes; mais cela est faux en pratique pour la presque totalité des cas. La chose vient de la faiblesse de la nature humaine, laquelle portera toujours le même homme à faire

une attention plus grande quand il s'agit
de ses intérêts que quand il s'agit des intérêts de tous; elle poussera le citoyen
chargé de l'administration des deniers publics à s'entendre avec l'entrepreneur des
travaux faits pour le compte de l'Etat, auquel on fera payer pour un travail une
somme exagérée. Une partie de cette
somme demeurera entre les mains de l'entrepreneur; l'autre, la plus grande, ira dans
la bourse de l'administrateur des deniers
publics.

En outre, il y a beaucoup de gens qui
désirent les emplois élevés des monopoles, et comme ils ne peuvent pas les obtenir sans un changement de gouvernement
ou tout au moins du personnel gouvernemental, ils sont sans cesse à désirer une
révolution, et tâchent de la procurer par
tous les moyens en leur pouvoir. Grâce
aux monopoles, le gouvernement n'est pas
composé de gens qui appliquent des principes et ne se proposent que le bien public, mais de gens qui n'ont d'autre mobile que les jouissances matérielles que le

pouvoir donne ou aide à se procurer. L'opposition ne se propose pas autre chose quand elle veut changer les membres du gouvernement que de jouir à son tour. Les politiciens deviennent indifférents au bien ou au mal de la nation. L'important, pour eux, c'est d'être au pouvoir ; le reste n'est rien.

Ce désir de changement dans le personnel gouvernemental s'étend à toutes les parties de la France, où le monopole enserre jusqu'aux moindres villages.

Aucun monopole ne donne lieu a des abus plus déplorables que celui des tabacs. La vente de cette marchandise est confiée à certaines personnes qu'on appelle : Titulaires d'un bureau de tabac ; le titulaire gagne sur ses ventes un peu plus de 16 %, tandis que son voisin l'épicier ne gagne que 1 ou 2 % sur la vente de ses marchandises. Cela fait que la vente des tabacs constitue moins une opération commerciale qu'une rente. L'Etat accepte lui-même cette idée puisqu'il permet aux titulaires des bureaux de les sous-louer, dans un grand nombre de cas,

Pour autoriser cet état de choses, on déclare que les titulaires seront pris parmi ceux qui ont rendu des services à la patrie et pour lesquels les bureaux de tabac remplacent une pension. Si on n'entend pas par services rendus à la patrie les services électoraux, la chose est en général inexacte. Les bureaux de tabac sont presque toujours accordés aux politiciens et en récompense de services électoraux. La possession de ceux qui sont accordés selon l'esprit de la loi constitue dans bien des cas encore une injustice. Ces bureaux sont, en général, donnés aux parents des militaires, surtout à leurs veuves. Pour qu'une femme soit considérée comme veuve de militaire, il faut que son mariage ait été célébré pendant que le mari faisait encore partie de l'armée active. Si le mariage a lieu dans le temps que le mari est retraité, sa veuve n'a pas droit à un bureau de tabac.

Ce qui empêche ordinairement les militaires de se marier pendant qu'ils sont en activité, c'est le manque de ressources. Les militaires qui n'ont pas une fortune personnelle ne peuvent pas songer à entrer en famille pendant leur séjour à la caserne, parce que leurs appointements ne leur suffiraient pas pour l'entretien convenable de leur ménage. Il n'y a que les militaires riches qui peuvent se marier sous les drapeaux, et il n'y a que les femmes de ces derniers qui, devenues veuves, ont droit à un bureau de tabac. De sorte que les bureaux de tabac accordés aux veuves des militaires constituent des rentes aux veuves des militaires qui sont ordinairement riches et n'en ont pas besoin et n'en constituent pas aux veuves des militaires pauvres qui en auraient besoin.

Il serait bien plus juste de mettre en adjudication les bureaux de tabac. L'Etat qui en percevrait les revenus accorderait des pensions aux veuves des militaires qui y auraient droit. Il est évident que cette mise en adjudication des bureaux de tabac n'implique pas la conservation par l'Etat du monopole de la fabrication de cette marchandise. L'Etat peut très bien livrer le monopole de la fabrication des tabacs à une Compagnie en lui laissant le monopole de la vente, ou en le cédant, cas pour cas, aux particuliers.

Donc l'Etat ne doit jamais exercer par lui-même les monopoles, et il doit avoir soin que ceux qu'il accorde aux diverses Compagnies servent à l'intérêt public et ne soient pas une occasion de rapport exagéré pour l'argent engagé dans les entreprises du monopole.

En dehors des monopoles que l'Etat se réserve ou concède, il y a des monopoles qui s'établissent par la force des choses ou par les circonstances; tels sont les monopoles des grandes usines, des grands magasins, etc. Ces monopoles ne sont pas absolus en théorie, comme ceux dont il a été question au commencement de ce chapitre, mais ils le sont de fait presque toujours.

Une grande usine fabrique aujourd'hui un même objet à un prix de revient moindre qu'une petite, parce que le loyer de l'outillage et son entretien est moindre proportionnellement pour une grande usine que pour une petite. De plus, la grande usine, parce qu'elle peut produire un plus grand nombre d'objets, exécute plus rapidement les commandes qu'une petite. Enfin la grande usine compte dans son personnel un ingénieur, qui peut n'avoir pas une intelligence supérieure pour les choses qui ne touchent pas à l'usine, mais qui en a presque toujours une très grande pour celles qui la concernent. Tandis que la petite usine a ordinairement à sa tête un fort brave homme dont les sciences exactes ne troublèrent jamais le repos. Ce qui fait que la grande usine se perfectionne sans cesse, tandis que la petite demeure stationnaire.

Tant qu'il en sera ainsi, la grande usine vaincra la petite dans la lutte pour la production.

Jusqu'au jour où l'électricité établira l'égalité du prix de revient pour la production du même objet entre les grandes et les petites machines, les petites usines seront toujours vaincues par les grandes. Il faut peut-être faire une exception pour les usines hydrauliques; que celles-ci soient grandes ou petites, elles produisent le même objet à un prix de revient à peu près identique et à des conditions plus avantageuses que les moteurs à gaz ou à vapeur.

Il semble qu'il ne devrait pas y avoir une chute d'eau qui ne fût utilisée. Cependant un grand nombre de chutes d'eau demeurent inutiles; bien plus, celles que la petite industrie utilisait autrefois sont de nos jours en partie délaissées. C'est parce que le prix de revient n'est pas tout dans la production, et, si une usine peut fournir un nombre d'objets beaucoup plus considérable à un prix qui n'est pas sensiblement supérieur, c'est à elle que le commerce s'adressera de préférence.

Une usine à vapeur peut toujours fournir un plus grand nombre d'objets qu'une usine hydraulique.

Les usines hydrauliques pourraient parer à cet inconvénient en se syndiquant, pour produire toutes, à un instant donné, le même objet. De la sorte, elles pourraient le livrer en aussi grand nombre et à des conditions plus avantageuses pour le commerçant que les usines à vapeur.

Enfin, les usines hydrauliques devraient avoir un ingénieur, qui ne serait pas l'ingénieur de l'une d'entre elles, mais des usines syndiquées. Elles se tiendraient au courant du progrès et produiraient selon ses besoins ou ses caprices. Par ce moyen, elles pourraient prospérer et disperser un peu partout la fortune industrielle, que la vapeur semble vouloir concentrer sur quelques points privilégiés.

Ce qui précède est vrai seulement des usines qui n'ont besoin de combustible que comme moteur. Il est à souhaiter que, grâce aux progrès de l'électricité, demain cela soit vrai aussi des usines qui emploient le charbon comme calorique, transformant ou modifiant les matières soumises à son action.

Les grands magasins monopolisent aussi le commerce au détriment des petits commerçants. Cependant, les grands magasins ont des frais proportionnellement plus élevés que les petits. Un mètre carré de terrain coûte plus cher de loyer aux magasins du Louvre ou du Bon-Marché qu'au commerçant de village; il en est de même de l'entretien des locaux et des dépenses du personnel.

Tout compte fait, un objet vendu par le Louvre ou le Bon-Marché occasionne plus de frais généraux que le même objet vendu par le petit commerce; et cependant ces magasins livrent le même objet à un prix moindre que celui du petit commerçant.

Cela tient à trois causes : 1° Les grands magasins achetant par grandes quantités obtiennent des fabriques des rabais qu'elles ne font pas aux petits; 2° Les grands magasins vendent toujours au comptant, ce qui leur procure le double avantage d'avoir toujours les marchandises payées et l'argent disponible immédiatement après les ventes; 3° Les grands magasins vendent à prix fixe et les prix affichés sur les marchandises demeureront immuables.

Si le petit commerce se syndiquait, il pourrait acheter par quantités aussi considérables que les grands magasins et obtenir les marchandises aux mêmes prix que ces derniers.

Rien n'empêche le petit commerce de vendre au comptant ou de ne faire qu'un crédit limité qui ne diffère pas en pratique de la vente au comptant.

Pourquoi le petit commerce ne vendrait-il pas à prix fixe et n'afficherait-il pas ses prix sur les marchandises ? En vendant le même objet à des prix différents selon l'acquéreur, le petit commerce éloigne de ses magagins un grand nombre de personnes et même des catégories de clients. Ainsi il est convenu qu'un militaire, un curé et un instituteur doivent payer plus cher le même objet au petit commerce que la généralité des acheteurs. Conclusion : le militaire, le curé et l'instituteur s'adressent aux grands magasins et paient quelquefois le même objet aussi cher qu'au petit commerce, mais ils ont la satisfaction de ne pas le payer plus cher que le commun des acquéreurs.

N'y a-t-il pas, d'ailleurs, injustice à faire payer le même objet plus cher à l'acquéreur qui porte tel habit qu'à celui qui en porte tel autre? Et quand le petit commerçant déplore que ses voisins ont abandonné sa maison pour faire leurs acquisitions ailleurs, ne doit-il pas s'accuser d'être lui-même la cause première de la désertion dont il se plaint?

CHAPITRE IX

De l'Instruction.

Le plus odieux et le plus tyrannique des monopoles est celui de l'instruction.

En France, personne ou à peu près ne sera instruit que par un fonctionnaire de l'Etat. Celui qui voudra être instituteur libre sera obligé de subir un examen devant un représentant de l'Etat, et d'en obtenir un diplôme pour pouvoir enseigner.

L'enseignement officiel est souvent opposé, au point de vue religieux ou moral, a celui que les pères de famille veulent pour leurs enfants.

L'enseignement officiel est si peu en harmonie avec les besoins réels de la jeunesse, qu'on a vu en France le spectacle singulier de législateurs faisant des lois pour prohiber tout autre enseignement que celui de l'Etat et envoyant leurs enfants aux instituteurs libres, même quand il faut que ces enfants aillent suivre leurs cours à l'étranger.

Il n'est pas besoin de rappeler ici ce qui a été dit touchant les élections au chapitre *Du Monopole*. Cependant il est bon de faire remarquer qu'aucun monopole ne sert autant à fausser la volonté des électeurs et à faire violence au suffrage universel que celui de l'instruction. Grâce à lui, l'Etat a dans chaque commune un représentant attitré d'une certaine influence, soit à cause de son savoir, soit surtout à cause des services qu'il peut et doit rendre. Avec un gouvernement honnête, il est difficile à l'Etat de ne pas faire agir les instituteurs. Avec certains gouvernements l'instituteur est un esclave, qui, pendant la période électorale, doit oublier tous ses devoirs professionnels pour faire de la propagande en faveur du candidat du gouvernement qui le paie. Telle est la formule consacrée.

Il a été établi au chapitre II que l'Etat n'a pas le droit de s'occuper des choses de l'intelligence, parce que celles-ci ne sont pas de son domaine. L'Etat n'a donc pas le droit d'être instituteur.

Cependant, il est bon de montrer la fausseté de la plupart des arguments que l'on fait valoir en faveur de la thèse de l'Etat instituteur.

L'Etat, dit-on, a le devoir de contrôler les doctrines enseignées dans les écoles, puisqu'il est le gardien de la morale, et que les écoles doivent nécessairement enseigner une morale. Or, ce droit de contrôle, qui est supérieur au droit d'enseigner, présuppose celui-ci; donc l'Etat a le droit d'être instituteur.

Or, il est faux que le droit de contrôler l'exercice d'une chose soit supérieur à celui de l'exercer. De plus, dans le cas présent, le droit de contrôler l'instruction et celui d'instruire ne sont ni du même genre ni de la même espèce. On ne peut donc pas conclure, l'un fût-il supérieur à l'autre, qu'il le contient éminemment. Ce n'est que pour les droits de la même espèce que le supérieur contient éminemment l'inférieur.

Le droit de contrôle de l'Etat consiste à empêcher que l'enseignement ne blesse la morale. En France, l'Etat n'admet aucune morale ; il n'a donc pas le droit d'empêcher qu'elle soit blessée puisque, pour lui, elle n'existe pas.

Cependant la généralité des Etats acceptent la morale et ont le devoir de la protéger ; mais ce devoir ne leur donne pas le droit d'enseigner ; il ne leur donne que le droit d'empêcher qu'on enseigne mal la morale et la seule morale. Si on admettait que l'Etat, qui a le devoir de protéger une chose, a le droit de l'exercer, il faudrait admettre que l'Etat, qui protège nos biens, a le droit de s'en servir à notre place ; protège notre liberté, a le droit de l'exercer pour nous ; protège notre vie, a le droit de vivre en notre lieu et place, encore qu'il ne paraisse pas très clairement comment cette dernière chose pourrait se faire, etc. Ainsi l'application de ce faux principe conduirait à des conclusions funestes et tout à fait inattendues.

On dit encore qu'il est nécessaire que

l'Etat soit instituteur parce que s'il ne l'était pas il y aurait un grand nombre d'enfants qui ne recevraient aucune instruction. Or, les parents ont le devoir d'instruire ou de faire instruire leurs enfants ; donc il faut que l'Etat exerce les devoirs des parents et devienne instituteur.

Les parents qui n'ont pas de ressources suffisantes n'ont pas le devoir d'instruire ou de faire instruire leurs enfants, car s'ils avaient ce devoir il s'ensuivrait rigoureusement que les enfants ont le droit d'être instruits. Cependant, il n'est jamais venu à l'esprit de personne d'affirmer que le père lèse les droits de son fils quand il le fait travailler au lieu de l'envoyer à l'école.

D'ailleurs, si l'enfant a le droit d'être instruit, d'où lui vient ce droit dont personne n'a jamais démontré l'existence ?

L'enfant, il est vrai, a comme l'homme le droit de s'instruire, mais ce droit est tout différent de celui d'être instruit : le premier consacre le droit qu'a tout être raisonnable de perfectionner ses facultés ; le second consacrerait le devoir pour les autres à perfectionner les facultés de chaque être raisonnable.

Comme chaque enfant aurait le droit de trouver que ses facultés ne sont perfectionnées qu'à la fin des hautes études, l'Etat aurait le devoir de lui donner les diverses instructions, primaire, secondaire et supérieure. Conclusions de ce magnifique système : Tout le monde étudiera jusqu'à vingt-cinq ou trente ans, et le plus grand nombre de ceux qui auront étudié ira ensuite prendre la charrue.

Il faut dire cependant qu'il est de toute convenance que les parents fassent instruire leurs enfants quand ils le peuvent. D'ailleurs, en pratique, ils s'acquittent de la chose comme si c'était pour eux un devoir.

Les partisans de l'enseignement par l'Etat, il faut leur rendre cette justice, n'ont jamais affirmé le droit des enfants à être instruits. Ils affirment simplement la haute convenance de l'Etat instituteur. L'Etat, disent-ils, doit procurer aux citoyens le plus grand nombre de biens possible ; or, il est un bien que les citoyens doivent aimer par-dessus tout : c'est l'instruction. Il convient donc que l'Etat soit instituteur.

Il est faux que l'Etat doive procurer les biens aux personnes ; il ne doit que protéger leur liberté, afin qu'ils ne soient pas empêchés d'acquérir eux-mêmes les biens. Car, si l'Etat accordait les biens, comme il ne peut le faire qu'avec l'argent de l'impôt, il prendrait à certains citoyens pour donner à d'autres, ce qui est une injustice.

De plus, au point de vue particulier de l'instruction, l'Etat enseigne une doctrine que le grand nombre des citoyens ne peut pas accepter en conscience. A cause de cela, il arrive qu'un citoyen opposé à la doctrine enseignée dans les écoles de l'Etat, paie pour l'enseignement quatre ou cinq fois plus que celui qui admet cette doctrine.

Le citoyen opposé à l'enseignement donné par les écoles de l'Etat paie quand même pour ces écoles, au moyen de l'impôt. Il paie pour les écoles libres, dites aujourd'hui privées, afin de permettre au peuple de faire élever ses enfants dans des écoles de son choix, et il envoie ses enfants aux établissements d'instruction secondaire indépendants, où il paie pour leur instruction. Pour ce citoyen, l'égalité devant l'impôt est une ironie.

On peut objecter que ce qui vient d'être dit ne s'applique qu'au riche ; mais le pauvre ? Le pauvre ne soutient pas de ses deniers l'enseignement libre, il n'envoie pas ses enfants aux écoles secondaires ; il n'y a donc pas injustice pour lui à ce que l'Etat soit instituteur.

Pour le pauvre aussi. il y a injustice, car il paie par l'impôt pour une école dont il ne se sert pas, tout en étant dans la nécessité présente de pourvoir à l'éducation de ses enfants qu'il envoie aux écoles libres. Pour lui non plus, l'égalité devant l'impôt n'existe pas.

Il y a des gens qui voudraient que l'Etat donnât une subvention à chaque établissement d'instruction proportionnellement au nombre de ses élèves.

Cette opinion très libérale, il faut en con-

venir, n'est pas plus acceptable que celle
de ceux qui admettent l'enseignement par
l'Etat. L'une et l'autre se heurtent à cette
vérité : que l'Etat n'a ni le droit d'être instituteur, ni celui de fournir des ressources
à l'instruction, laquelle n'est pas de son
domaine, comme cela a été démontré plus
haut. D'ailleurs, ou par cette répartition
l'Etat rend à chacun ce qu'il paie d'impôts
pour l'instruction, ou il donne plus à quelques-uns et moins à d'autres. Dans le premier cas, il est inutile et anti-économique
de faire passer l'argent par les coffres de
l'Etat ; et dans le second cas, on retombe
dans l'injustice.

On dit pareillement qu'il est nécessaire
que l'Etat soit instituteur, parce qu'il faut
qu'il y ait dans chaque Etat des hommes
supérieurs, capables, en raison même de
leur instruction, de procurer plus efficacement le bien public. A la vérité, l'objection
serait sérieuse si, dans un état, personne
n'était instituteur. Mais comme il y a des
institutions libres à côté de celles de
l'Etat et que de nos jours, en particulier,

on se plaint non pas du manque de gens
instruits, mais de leur trop grande abondance, cette objection ne repose sur aucun fondement valable. Cette pléthore de
savants ou de gens prétendus tels est devenue un danger public. Elle a fait éclore
une race d'hommes particuliers à notre
époque : la race des mécontents. Leur
nombre augmente chaque jour. L'Etat fait
de vains efforts pour donner à ces hommes
une situation : il accroît désespérément le
nombre de ses fonctionnaires et ne par-
vient à en caser qu'une petite partie. Les
non casés conspirent et prêchent les doctrines les plus subversives. Ils ne cesseront
d'exciter le peuple à la révolte et au crime
que le jour où ils seront devenus fonctionnaires. Alors, ils vivront aux frais de l'Etat,
c'est-à-dire aux frais des citoyens; et, si
l'on se plaint des charges excessives des
impôts et du danger qu'il y aurait pour la
fortune nationale à les augmenter encore,
ces singuliers administrateurs répondent,
comme un de nos derniers ministres des
finances : « Il y a encore de l'argent dans

les poches des contribuables ; nous pou•
vons donner un tour de vis de plus. »

On disait autrefois qu'il était nécessaire
que l'Etat fût instituteur, parce qu'il instruit mieux. Aujourd'hui, presque tous les
hommes affirment le contraire. L'ignorance
de l'Etat cause une baisse déplorable dans
le niveau des études. Les enfants sont moins
bien instruits aujourd'hui qu'autrefois. Cela
vient de ce que l'Etat impose une manière
uniforme d'enseigner, brise l'esprit d'initia•
tive et ne laisse pas aux instituteurs le choix
de la méthode. D'ailleurs, la certitude de
la partialité des examinateurs, jointe à
l'élastique étendue et à l'impossibilité des.
programmes aihsi faits pour rendre plus
facile l'injustice des examinateurs, produit
plus que toute autre chose cette baisse des
études, qui préoccupe de nos jours ceux
qui ont souci de l'instruction.

Les professeurs ont aussi leur part dans
cet abaissement du niveau des études. La
plupart d'entre eux entrent dans l'ensei•
gnement sans vocation. Or, pour·entrer
dans l'enseignement, comme d'ailleurs

pour entrer dans une carrière quelconque, il faut l'appel de Dieu. Cet appel, en ce qui concerne le professorat, se reconnait aux qualités et aptitudes d'enseigner. Il n'est pas requis pour le professeur de savoir beaucoup. Il suffit qu'il sache ce qu'il doit enseigner, qu'il sache l'enseigner, et enfin qu'il veuille l'enseigner. Qu'importe à l'enfant qui apprend à lire que son professeur connaisse le grec? Ce qui lui importe, c'est que son professeur sache s'y prendre pour lui enseigner les lettres et lui indiquer les divers sons qu'elles forment par leurs différentes juxtapositions; ce qui lui importe encore, c'est que son professeur veuille lui apprendre à lire. Quant au grec, il n'a rien à faire dans la question. Si, par aventure, grand'mère prend ses bésicles et fait lire l'enfant à son livre d'heures, le seul où elle sait lire sans hésitation, si elle y met cette patience et cette bonté qui n'appartient qu'aux grands-parents, grand'mère apprendra plus rapidement à lire à son petit-fils que le savant qui connaît le grec et elle vaudra plus que lui comme professeur.

Depuis l'humble maitre d'école de village jusqu'au professeur de la Faculté, personne ou presque personne, dans le personnel universitaire, n'a la vocation d'enseigner. Demandez à l'instituteur de campagne ce qu'il fait pendant les interminables heures de classe ? Il vous répondra presque toujours qu'il attend sa retraite. Il pourrait vous répondre encore qu'il tâche de trouver le moyen de ne pas déplaire au maire, au conseiller général ou aux électeurs influents. Et l'inspecteur ? L'inspecteur est un personnage dont il ne s'inquiète que médiocrement.

Quant aux professeurs de lycée, c'est pis encore; eux ne songent qu'à l'avancement. Leur but n'est pas d'instruire leurs élèves, mais de passer pour savants à leurs yeux et surtout aux yeux de leurs supérieurs ; c'est le seul moyen de monter. Les chefs de l'Université qui n'ont jamais fait la classe deviennent auteurs de livres classiqués; ces livres bouleversent les méthodes, introduisent le langage philosophique dans les livres élémentaires et témoignent en général de la grande science de leurs auteurs. Chaque idée y est rendue par son expression adéquate. Ces livres, qui sont des chefs-d'œuvre de science, n'atteignent pas le but qu'auraient dû se proposer ceux qui les ont écrits. Les enfants auxquels ils sont destinés ne les comprennent pas. Ces livres, au point de vue de l'instruction des élèves, ne valent pas ceux qu'ils sont destinés à remplacer. Il en est de même des méthodes; et cependant, les professeurs se jettent à corps perdu dans les livres nouveaux et les méthodes nouvelles. Conclusion : Quand les élèves sortent du lycée, ils sont presque tous des ignorants.

Toutefois, il faut rendre cette justice aux auteurs des livres de science, que leurs ouvrages ne ressemblent pas du tout à ceux de leurs confrères des lettres. Les élèves, pour l'étude des sciences, ont généralement dans leurs mains des livres qui atteignent la perfection. Les auteurs de ces livres ont droit aux éloges et à la reconnaissance des citoyens.

Si l'Etat ne peut pas être instituteur,

comment s'instruiront les enfants pauvres? Il arrivera, dans quelques cas très rares, que ces enfants ne seront pas instruits. C'est un malheur, mais c'est un malheur bien plus grand encore que la table du pauvre soit moins bien servie que celle du riche; que les habits du paysan ne vaillent pas ceux du grand seigneur; que la robe de la fille du peuple soit moins belle et moins soyante que celle de la marquise; que la petite ouvrière ne puisse pas se parer des colifichets qui ornent la grande dame; et cependant, à l'exception de quelques rêveurs et de quelques hommes pervers qui veulent élever leur fortune par la ruine de celle de leur prochain, personne ne songe à renverser l'ordre des choses établi dans ces cas plus choquants encore que celui du manque d'instruction.

D'ailleurs, et en général, le peuple serait instruit quand même l'Etat ne s'occuperait pas de l'instruction tout comme sous l'ancien régime, où la généralité des citoyens savait lire et écrire, ainsi que le reconnaissent de nos jours les ennemis même de l'ancien ordre de choses.

On peut objecter enfin que si un enfant a des dispositions spéciales, personne ne le fera instruire, tandis qu'aujourd'hui l'Etat s'en charge. A la vérité, chaque année il y a des concours au lycée, mais ce ne sont pas les enfants qui semblent devoir s'instruire le mieux qui sont admis, mais ceux que protègent le député du coin, ou le conseiller général d'en face. Ces concours ne sont établis que pour admettre et faire élever les enfants dont les pères votent bien et font bien voter. Inutile de dire ce qu'un conseiller général ou un député appellent bien voter; tout le monde le sait.

C'est surtout au point de vue de l'instruction de ceux que leur intelligence signale comme devant être plus tard des citoyens utiles à la patrie que l'Etat instituteur est pernicieux. Il ne les choisit pas pour leur accorder les faveurs de l'instruction et sa tyrannie met de si grandes entraves à ce que les personnes généreuses fondent des bourses dans les établissements distincts de l'Université, que ceux-ci ne peuvent souvent pas les instruire faute de ressources.

D'ailleurs, l'instruction n'est pas toujours une bonne chose. Il ne s'agit pas ici de l'instruction en soi, mais considérée dans l'usage qu'en peut faire le sujet instruit. Toutes les statistiques se plaignent de l'abondance des sujets instruits et l'on déplore souvent qu'il y ait des bacheliers cochers de fiacre ou conducteurs d'omnibus. Eu égard aux besoins de la société, il y a aujourd'hui beaucoup trop de personnes qui ont reçu l'instruction secondaire. Or, cette instruction, qui est un bien en soi, devient un mal quand celui qui l'a reçue n'a pas de ressources et ne peut pas gagner son pain à l'aide de sa science.

L'abondance des bourses, jointe aux nécessités électorales, fait donner fatalement l'instruction secondaire à de pauvres petits qui, pour être les fils d'électeurs influents, n'en sont pas moins d'une intelligence au-dessous de la médiocre. Quand ces écoliers, et ils sont légion, arrivent au baccalauréat, on leur donne par complaisance le certificat de fin d'études, mais ce certificat ne leur donne pas la science. Lorsque quelque temps après ses examens le jeune bachelier veut entrer dans une carrière, il les voit se fermer toutes impitoyablement devant lui. Il est refusé aux examens pour les écoles du gouvernement, il ne peut pas atteindre aux positions libérales, son intelligence ne lui permet pas de devenir docteur dans aucune des branches du savoir humain.

S'il reste un peu de bon sens à ce fils infortuné de l'instruction par l'Etat, il deviendra cocher de fiacre ou bien conducteur d'omnibus, décrotteur, homme de peine, etc. Il ne pourra être ni maçon, ni charpentier, ni menuisier, ni exercer aucun des métiers qui demandent un long apprentissage ou des aptitudes spéciales. S'il se présente à un magasin ou à un bureau pour faire les écritures, il sera refusé. On lui préférera le jeune homme de quinze ans, parce qu'il sort de l'école primaire muni d'une excellente écriture, et qu'il coûte moins cher. Ainsi, son instruction le mettra des derniers de la société.

Si le jeune bachelier possède une insuffisance égale à son peu d'instruction, et
qu'il ait le triste privilège d'être en même
temps un moulin à paroles, le voilà de fait
orateur de club. Sa parlotte intarissable le
fait grand savant pour ses auditeurs dont
il flatte les passions. Il n'est pas besoin de
dire que le député n'a aucune valeur; son
passage au pouvoir a terni les couleurs de
son drapeau. Ses votes ne sont pas ceux
d'un véritable ami du peuple. Notre député
républicain? clame le jeune tribun à la fin
de ses tirades contre le représentant de
la circonscription, il n'est pas plus républicain que les talons des souliers de
Louis XIV. C'est un infâme réactionnaire
et une canaille d'aristocrate. Cette dernière
phrase, qui termine toutes les périodes de
l'incomparable bachelier, soulève toujours
des applaudissements frénétiques.

Il va sans dire que, pour cet ambitieux
ignorant, tout va mal dans l'ordre des
choses établi, mais que, s'il était député,
tout irait très bien. Il n'est pas d'ailleurs
embarrassé pour sa conduite politique. Les

principes? Ils sont immortels et n'ont pas besoin de nous. La liberté? vieille guitare. La justice? Une dame de l'ancien régime. La volonté du peuple ? Un cheval de bataille. Il a cueilli ses phrases, comme d'ailleurs tout son répertoire, dans un journal malsain. Il n'y a rien qui puisse mieux peindre cet idiot quand il sera député, que ces paroles de Proudhon : « Ce sabre (mon mandat) est le plus beau jour de ma vie, je m'en servirai pour défendre nos institutions, et au besoin pour les combattre. »

Il arrive quelquefois que le jeune bachelier est intelligent, il est boursier aux écoles du gouvernement et devient officier; ou bien il suit les cours de la faculté et devient avocat ou médecin, etc. C'est très beau vu de loin, le fils d'un égoutier qui sort de Saint-Cyr avec le numéro un, ou qui passe son examen de doctorat de manière à recevoir les felicitations des examinateurs. A distance, ce résultat est admirable et peut fournir le thème de brillants éloges décernés à la démocratie. La vaillante démocratie. Le peuple infatigable.

Le soutien de la patrie. L'honneur de l'humanité. La glorification des idées modernes, etc. Que vaut en pratique ce glorieux
résultat ? Le jeune docteur n'a pas de clien-
tèle, c'est la règle. Pour l'ordinaire il n'en
acquerra pas ; c'est encore la règle. La dé-
cence et le décorum ne lui permettent pas
de donner les quelques leçons qui lui four-
nissaient le pain de chaque jour avant de
passer si brillamment sa thèse. Il est un
malheureux et il le sera toujours. Que de
fois il regrettera d'avoir quitté la maison
de ses pères. Les larmes lui viendront aux
yeux quand il comparera sa position à celle
de ses parents. Ah ! s'il pouvait avoir des
mains calleuses, s'il pouvait retourner à
cette terre où vécurent ses ancêtres ; s'il
pouvait se promener autour de ces arbres
plantés à l'occasion de sa naissance ou des
événements heureux de sa vie ; s'il pouvait,
quand la brise du soir balance leurs branches pleines de fleurs, en respirer le parfum
suave ; s'il pouvait, l'automne venue, en
cueillir les fruits... si doux.

Rêves irréalisables, il est docteur, et par

là même malheureux. Si au lieu d'être docteur il est militaire, c'est bien pis encore. Il voudra tenir son rang et il ne le pourra pas; une froide mélancolie s'emparera de son âme et peut-être que le suicide sera la conséquence de son désenchantement. Cela n'est malheureusement pas impossible, et pendant que j'écris ces lignes les journaux racontent que la chose vient d'arriver. Or, docteur et officier auraient tenu une place honorable dans la société s'ils n'étaient pas sortis de leur rang. Plus intelligents que ceux de leur condition, ils auraient mieux arrangé leur vie et seraient chef de chantier ou contre-maître dans une usine. Ils n'envieraient pas le sort du marchand de lunettes ou de l'épicier leur voisin. Ils auraient une position supérieure à celle que leur promettait leur naissance. Et cette position leur donnerait le bonheur, parce qu'elle serait honorable et suffisamment rétribuée.

Cependant, instruire n'est pas le principal de l'éducation, lequel consiste dans le perfectionnement moral du sujet Ce côté de la formation de l'homme est totalement délaissé dans l'enseignement de l'Etat. Cet enseignement doit être neutre en théorie, il est athée en pratique. L'Athéisme n'est pas une école de vertu. Tous les manuels de morale neutre ou athée ne peuvent représenter le bien et le mal que comme des relations. Pour l'athée le bien est ce qui est son intérêt en cette vie ; le mal ce qui est contre son intérêt aussi en cette vie. L'athée général vendra sa patrie pour de l'argent ; juge mettra la justice à l'encan ; fonctionnaire servira les ennemis de son pays qui le payeront. L'athée logique pille et vole, non pas seulement toutes les fois qu'il peut le faire sans être connu, mais toutes les fois qu'il peut le faire en échappant aux lois. Or, l'athée c'est le lycéen qui vient de finir ses classes. Ne parlez pas de vertu à ce pauvre désiliquibré, il n'a entendu prononcer ce mot qu'une seule fois par ses professeurs à propos de la mort de Brutus, qui se passa l'épée à travers le corps en disant : Vertu, tu n'es qu'un mot. Le maître a fait remarquer que la vie de

Brutus fut une vie d'honneur, de probité, de justice, d'amour de la patrie. Et cependant, a-t-il ajouté, ce Romain fut malheureux. Pourquoi? Parce que, comme il le dit en mettant fin à ses jours, la vertu n'est qu'un mot.

Ainsi les ruines sans nombre qui frappent dans notre pays de France les regards attristés du patriote, le sang répandu, les révolutions qui se succèdent, la disparition de l'amour de la patrie, la perte de l'idéal, l'effacement des caractères et le dépeuplement de la nation sont les fruits et les seuls fruits de l'université. Alors même que l'Etat aurait le droit d'être instituteur, la façon désastreuse dont il instruit devrait porter les gens soucieux du bien du peuple à le forcer de ne pas enseigner.

CHAPITRE X

De l'Impôt.

On appelle impôt la partie de leurs biens que les contribuables donnent à la cité, à la province ou à l'Etat, pour qu'ils leur conservent la libre et tranquille possession de l'autre partie.

Quelques socialistes préfèrent définir l'impôt : La participation des citoyens aux charges du pouvoir, participation proportionnelle aux biens et à la fortune de chacun d'eux.

Si, par charges du pouvoir on entend la protection des droits et des devoirs des citoyens (et on ne peut pas entendre autre chose), la définition des socialistes est la même que la précédente.

En pratique, nous conserverons la définition première, parce qu'elle est communément acceptée, de beaucoup la plus claire et qu'elle ferme la porte à la tyrannie par la spécification qu'elle fait des charges du pouvoir, qui sont la protection des droits et des devoirs des citoyens.

Il n'est pas possible de contester le principe de l'impôt; si l'on veut qu'une société protège les droits et les devoirs des citoyens, il faut quelle ait les choses nécessaires à son existence et à la fin qui lui est assignée.

L'impôt ne doit pas être vexatoire, il ne doit donc pas peser directement ou indirectement sur les choses de première nécessité. Il ne doit pas non plus donner lieu à des visites domiciliaires qui permettraient, sous prétexte de perquisitions d'impôt, de s'emparer de secrets que l'Etat n'a aucun intérêt à connaître, et dont la divulgation pourrait être une cause d'ennuis pour les particuliers, un scandale pour les citoyens, et quelquefois aussi un ferment de discordes civiles.

L'impôt ne doit pas être exagéré comme cela existe dans la plupart des états modernes. Il ne faut pas oublier que l'impôt est une partie de leurs biens que les citoyens cèdent à la société pour s'assurer la libre et tranquille possession de l'autre partie. La partie conservée par chaque citoyen doit être de beaucoup la plus considérable. Autrement la conservation des biens coûterait trop ; il y aurait lieu de changer l'état des choses, et d'en arriver à un autre gouvernement ou à une autre forme de gouvernement.

En France, chaque citoyen paie à l'État 125 francs environ ; il paie en outre des impôts communaux et des impôts départementaux ; ces deux impôts lui coûtent au moins 25 francs. Si l'on suppose une famille composée de quatre membres, le père la mère et deux enfants, cette famille doit payer en impôts divers 600 francs par an, c'est-à-dire que tout le travail du chef de famille se trouve absorbé par l'impôt ; encore faut-il supposer que le chef de famille gagne deux francs par jour en moyenne, ce qui est exagéré dans la campagne.

Au chapitre *Des Machines* il sera démontré que ce n'est pas le capital producteur qui paye l'impôt, mais le travail. C'est donc sur l'ouvrier et sur l'ouvrier tout seul que pèsent les 150 francs d'impôts que chaque citoyen doit payer à la nation.

A la vérité, il y a des ouvriers dont le gain dépasse 600 francs par an ; ce qui fait que l'ouvrier qui gagne cette somme n'est pas obligé de la donner entièrement à l'Etat pour l'impôt au point de vue théorique ; mais comme il y a un grand nombre de fonctionnaires qui sont inutiles, et qui ne produisent rien, et qu'il faut que les ouvriers nourrissent par l'impôt ces fonctionnaires inutiles : au point de vue pratique c'est un fait incontestable que l'ouvrier qui gagne 600 francs par an est obligé de les verser en entier dans les caisses de l'Etat pour l'impôt.

Il faut remarquer qu'il n'est ici question que de fonctionnaires inutiles. Les fonctionnaires utiles rendent à l'ouvrier ce qu'ils en reçoivent. Ils emploient leur vie au service des citoyens, il est juste et nécessaire que les citoyens fournissent à l'entretien de cette vie ; comme il est juste et nécessaire que celui qui se sert d'une lampe fournisse l'huile de l'éclairage. Quant aux fonctionnaires inutiles, et ils sont légion, ils sont nuisibles aux citoyens, non pas seulement parce qu'ils ne produisent pas, et qu'en conséquence s'ils disparaissaient il y aurait la même quantité de production et moins de consommateurs, ce qui fait que s'ils disparaissaient les consommateurs actuels auraient chacun une plus grande quantité d'objets à consommer ; mais encore parce que toutes les fois que les citoyens ont affaire au pouvoir, ces inutiles deviennent tyrans, entravent la marche des affaires et s'efforcent de faire triompher l'injustice. Leur vie est divisée en deux parts. Ils passent la première à mal faire et la seconde à se flatter et à se réjouir d'avoir mal fait.

Si le peuple entre en fureur, disait Démosthènes à Phocion, il vous fera pendre. — Oui, répondit Phocion, mais si jamais il reprenait son bon sens, c'est vous qui seriez pendu. Si le peuple de France reprenait son bon sens, les fonctionnaires inutiles ne seraient pas pendus, mais ils seraient congédiés, et leurs fonctions abolies.

L'impôt ne laisse rien de son travail à l'ouvrier chef de famille pour soutenir ses charges du foyer. Il faut même qu'il ait recours au travail des siens pour vivre, lui qui a pour mission de fournir à leurs principaux besoins. Il peut donc conclure, et avec lui tous les citoyens doivent conclure, que le gouvernement actuel coûte beaucoup trop cher, et qu'il y a lieu, de ce chef, à modifier le personnel gouvernemental jusqu'à ce que nous soyons arrivés à un gouvernement économe, qui ne prenne pas au chef de famille tout le fruit de son travail par l'impôt.

L'impôt doit être égal pour tous; ce qui ne veut pas dire que chaque citoyen doit payer à l'Etat une somme égale. Entendu dans ce sens, l'impôt égal pour tous serait une injustice; puisqu'un citoyen, pour conserver une fortune considérable, ne devrait pas payer davantage que celui qui devrait conserver une fortune peu importante. Or, tout le monde voit que, s'il faut à l'État un effort quelconque pour protéger une quantité de fortune déterminée, il lui faudra un effort plus considérable pour protéger une quantité de fortune plus grande, et que l'effort devra être proportionnel à la quantité de fortune protégée. En conséquence, l'égalité devant l'impôt demande que chaque citoyen paie en raison de l'effort que l'État doit faire pour en protéger la fortune; ce qui revient à dire que l'impôt doit être proportionnel à la fortune de chacun.

Il résulte de ce qui vient d'être dit que l'impôt proportionnel et progressif sur le revenu est une injustice.

On entend par impôt proportionnel et progressif sur le revenu, un impôt qui frapperait les revenus en progression ascendante, de sorte que l'unité imposée serait frappée d'un impôt plus ou moins grand, selon que le nombre d'unités frappées et appartenant au même citoyen seraient plus ou moins considérables.

Ainsi, celui qui posséderait par exemple 1,000 francs de revenu aurait à payer

50 fr.; celui qui en posséderait 10,000 : 750;
celui qui en posséderait 20,000 : 2,300, etc.
En dehors de l'injustice flagrante de ce mode
d'impôt, il pourrait se faire, si le principe
n'en était pas mitigé dans la pratique, que
la différence entre l'impôt sur le revenu
et le revenu devint moindre que toute
quantité donnée, de sorte que celui qui posséderait des revenus énormes en serait totalement privé par cet impôt singulier.

Quelques citoyens sont partisans de l'impôt progressif sur le revenu, parce qu'avec
la progression ascendante que prennent de
nos jours certaines fortunes, ils croient
voir le moment où tous les biens de la
terre appartiendront exclusivement à un
nombre très restreint de familles. Or, l'humanité n'a-t-elle pas intérêt à ce que les
biens soient divisés, au lieu d'être entre
les mains d'un petit nombre de possesseurs? Les hommes ne seraient-ils pas les
esclaves de ces puisants chez qui ils seraient
obligés de travailler pour gagner leur pain
de chaque jour? Ces fortunes colossales ne
pourraient-elles pas imposer aux travail-

leurs des conditions draconniennes que le besoin de vivre forcerait ceux-ci d'accepter?

Ainsi, ce qui porte certaines personnes à accepter l'impôt progressif sur le revenu, c'est la crainte de voir la fortune universelle entre les mains de quelques familles. Cette même crainte pousse une certaine école économiste à demander que l'Etat mette une limite au pouvoir de posséder de chaque citoyen, c'est-à-dire que chaque citoyen ne puisse pas posséder au-delà d'un certain nombre déterminé de millions.

On doit répondre à cela que le droit de posséder est un droit naturel que l'Etat n'a pas le droit de modifier, à moins que le droit de posséder ne soit un obstacle à l'exercice d'un autre droit supérieur naturel; ce qui n'aurait peut-être pas lieu dans l'hypothèse de la possession de tous les biens de l'univers par un nombre très restreint de familles. Au contraire, cette limitation des droits de posséder découragerait bien des initiatives et aurait pour résultat de diminuer la production générale au détriment de tous les consommateurs.

D'ailleurs, la crainte de voir la fortune universelle entre les mains d'un nombre très restreint de familles est chimérique. La chose n'a jamais existé dans le passé, elle n'existera pas davantage dans l'avenir ; car, pour la fortune comme pour bien d'autres choses, le passé répond de l'avenir : *Quod erat est quod futurum est.* La Providence a établi les grandes fortunes et leur a assigné un rôle social, qui est de soulager les infortunes des malheureux.

Il serait puéril de ne pas reconnaitre que la fortune sert bien souvent à son possesseur à opprimer ses semblables au lieu de lui servir à les aider. Dans ce cas, la fortune sort du rôle que Dieu lui a assigné, et elle est tyrannique plus ou moins selon son importance. Elle prend quelquefois des proportions inquiétantes pour la liberté des citoyens. La Providence a placé le remède à côté du mal, et les révolutions viennent de temps en temps balayer ces fortunes, œuvre de la rapine et de la perversité humaines. Dieu voulut être directement le législateur temporel d'un peuple ; et pour parer aux révolutions, ce mal rendu nécessaire par la méchanceté des hommes, il établit que chaque cinquante ans les biens redeviendraient la propriété de leurs anciens maîtres. Si les riches usaient de leurs biens comme l'Eglise enseigne de le faire, il n'y aurait jamais de révolution ; mais ils agissent souvent à l'encontre des enseignements catholiques, et la révolution, fléau de Dieu, les prive de leurs biens parce qu'ils en font un autre usage que celui auquel la Providence les a destinés.

Donc, l'Etat qui établirait l'impôt progressif sur le revenu commettrait une injustice. Tous les Etats modernes frappent des impôts injustes, comme, par exemple, l'impôt sur les successions qui est commun à presque tous. En France, le fils qui hérite des auteurs de ses jours paie 1 % des biens hérités. Le citoyen qui hérite d'un autre citoyen, auquel il n'est uni par aucun lien de parenté paie 11 % des biens hérités. Pour protéger l'héritage de citoyen à citoyen, l'Etat a-t-il plus d'effort à faire que pour protéger l'héritage de père à fils ?

Évidemment non. Il n'a donc pas le droit de faire payer à l'étranger 11 % et au fils 1 % puisque, pour la conservation des biens de l'étranger et de ceux du fils, il fait le même effort.

Alors même que cet impôt serait réduit à un taux uniforme, ce qui aurait lieu si les différentes catégories d'héritiers avaient à payer une somme identique pour cent, il blesserait encore l'égalité des biens devant l'impôt, car il y aurait des biens qui âuraient été hérités trois ou quatre fois, tandis que d'autres, dont le propriétaire aurait vécu plus longtemps, n'auraient été hérités qu'une fois ou même pas du tout.

Bien plus, dans la presque universalité des cas, les successions s'effectuent sans que les pouvoirs publics aient à en connaître. L'État, qui n'a aucun effort à faire pour la protection des biens à l'occasion de léur transmission par succession, n'a pas le droit de frapper un impôt sur ce mode de translation de la propriété. Si, par extraordinaire, il y a discussion entre les héritiers et qu'ils fassent appel à la justice,

dans ce cas le pouvoir est obligé de faire
un effort pour la conservation des biens à
propos de leur transfert par succession ;
mais chacun sait qu'en pareille circonstance,
la meilleure partie des biens en litige paie
les frais du procès. L'Etat, qui en prend une
partie par l'impôt du timbre, se paie de
l'effort particulier qu'il est obligé de faire
pour la conservation des biens en pareil
cas.

En matière d'impôts, la justice demande
que chacun paie proportionnellement à sa
fortune; et par fortune, il faut peut-être
entendre ici les revenus. Si les hommes
vivaient dans un état d'idéale perfection,
le pouvoir n'aûrait qu'à faire connaître la
somme dont il a besoin chaque année pour la
protection des biens des citoyens, et chacun
s'empresserait de porter chez le percepteur
la part proportionnelle dont il serait rede-
vable. Mais les hommes ne sont pas parfaits, et si le fisc se contentait de demander
les impôts et d'attendre, sans l'y contrain-
dre d'aucune manière, que le contribuable
se présentât à la caisse, les recettes accu-

seraient rapidement un déficit qui obligerait à changer le genre de perception.

Il y a des hommes qui proposent de supprimer tous les impôts existants et de les remplacer par un impôt unique sur le revenu. Ce projet qui est, au point de vue théorique, celui qui se rapproche le plus de la perfection, serait en pratique le plus imparfait et celui qui ouvrirait la plus grande des portes de l'injustice. Il faudrait évaluer les biens des citoyens, et cette évaluation serait faite par les agents du fics ou par des répartiteurs. Les citoyens seraient alors divisés en deux catégories : les amis et les ennemis du pouvoir. Les amis du pouvoir payeraient relativement très peu et les ennemis seraient écrasés; ainsi le veut la perversité humaine. Si quelqu'un croit que les choses ne seraient pas ainsi, il n'a qu'à se rendre aux Tribunaux de préfecture le jour où ceux-ci jugent les réclamations en matière d'impôts. Il aura le désenchantement de constater que les sentences de ces Tribunaux ressemblent presque toujours à la sentence de Pilate quand il condamna le Juste.

On reconnaît généralement aujourd'hui que certains impôts pèsent trop lourdement sur les contribuables; de ce nombre sont les patentes, l'impôt foncier et en général tous les impôts directs. Il serait facile de les supprimer et de les remplacer par les impôts indirects. L'impôt indirect a, sur l'impôt direct, l'avantage d'être payé sans que le contribuable s'en aperçoive pratiquement. Il est égal pour tous; il n'est ni vexatoire ni tyrannique; il ne pèse pas lourdement sur les objets de première nécessité, il frappe de préférence les objets de luxe ou de nécessité secondaire; il est, jusqu'à un certain point, volontaire. Si un citoyen éprouve des revers de fortune, il peut diminuer ses dépenses et, par là même, sa cote part des impôts indirects, tandis qu'il ne peut pas agir ainsi pour les impôts directs qu'il est obligé de payer intégralement malgré ses infortunes.

Les impôts indirects ne permettent pas de faire la guerre à telle ou telle catégorie de citoyens sous prétexte d'impôts, comme la chose se fait aujourd'hui pour les religieux avec l'impôt d'abonnement. L'État reconnaît que les biens des religieux frappés de l'impôt d'abonnement paient plus, proportionnellement, que les biens des autres citoyens. Notre but, disent les députés sincères qui ont voté cet impôt tyrannique, a été de ruiner les religieux et de les supprimer en leur coupant les vivres. Cela, d'ailleurs, ajoutent-ils, n'est pas contraire à l'égalité puisque tous les religieux sont également imposés. Ils paient, il est vrai, proportionnellement plus que les autres citoyens, mais ils n'ont qu'à ne pas se faire religieux et ils ne paieront pas plus que les autres citoyens.

En imposant les biens, non pas d'après leur rapport, mais selon les possesseurs, le pouvoir change l'impôt sur les biens en impôt personnel, ce qui est une injustice et ce qu'il n'a pas par conséquent le droit de faire. Une des conquêtes de 1789 a été l'égalité des biens devant l'impôt. Les privilèges qui existaient sous l'ancien régime pouvaient être légitimes parce qu'ils étaient accordés en échange de services rendus à la patrie. En outre, ces privilèges étaient une exemption d'impôts et non pas une aggravation. Mais comment légitimer un impôt qui est fait en haine de telle ou telle catégorie de citoyens?

L'Etat n'a pas le droit de s'opposer à ce qu'un citoyen fasse une chose permise par la loi de Dieu, quand cette chose ne cause aucun détriment à la patrie. Au lieu de l'empêcher, l'Etat a le devoir de protéger le citoyen qui exerce un de ses droits. L'Etat est donc un tyran quand, par l'impôt, il s'oppose à ce qu'un citoyen exerce un de ses droits. Les gouvernants qui votent cet impôt tyrannique exposent la patrie aux plus grands dangers. La loi votée aujourd'hui contre les autres, autorisera celle de demain votée contre les auteurs de celle d'aujourd'hui? Ce sera une série perpétuelle de représailles; et l'on verra, dans un pays qui se pique d'égalité, les biens des citoyens qui furent députés ou ministres, imposés proportionnellement beaucoup plus que ceux des autres, à cause des fonctions dont étaient honorés jadis leurs propriétaires.

On reproche à l'impôt indirect de n'être pas exactement proportionnel, c'est-à-dire de n'être pas payé par les citoyens en rapport direct de leur fortune. Ce défaut de proportionnalité se trouve dans les impôts existants; il se trouverait, comme cela a été démontré, dans l'impôt unique sur le revenu, si cet impôt existait. D'ailleurs, ce manque de proportionnalité n'est pas plus grand pour l'impôt indirect que pour l'impôt direct; il n'est pas surtout de beaucoup aussi grand que le serait celui de l'impôt unique sur le revenu. De plus, à cause des immenses avantages qui ont été signalés dans ce chapitre, un état qui aurait souci de la justice et du bien-être des citoyens l'adopterait à l'exclusion de tout autre impôt.

Aucun impôt n'est exactement proportionnel. L'impôt foncier, par exemple, manque de proportionnalité parce que les terres sont divisées en trois classes et qu'il arrive bien souvent que les terres placées en première classe, au point de vue de leur rapport, et partant de l'impôt, rapporten moins que les terres placées en troisième classe,

Il est facile de se rendre compte que l'impôt indirect est aussi exactement proportionnel que l'impôt direct. Il y a deux choses qui paraissent sur la table du riche et sur celle du pauvre : le sucre et le café. Tandis que le riche en dépense beaucoup, le pauvre en dépense très peu. Le sucre et le café sont frappés d'un impôt indirect très lourd. Le pauvre paie peu cet impôt; le riche le paie dans des proportions bien plus considérables, et qui dépassent souvent la proportionnalité qu'il y a entre ses revenus et ceux du pauvre. Il en est de même pour les impôts indirects qui frappent les matières d'éclairage et pour ceux qui frappent les tabacs. Il en est également de même pour tous les impôts indirects, à l'exception peut-être unique de l'impôt sur le sel.

L'état qui abolirait les impôts directs, pour n'avoir plus recours pour soutenir ses charges qu'à l'impôt indirect, ferait une chose utile à l'universalité des citoyens.

CHAPITRE XI

Libre-Échange et Protection.

La question du libre-échange et de la protection est une de celles qui touche à un grand nombre des intérêts vitaux d'un pays. Les peuples penchent tantôt vers le libre-échange, tantôt vers la protection, au gré de ce qu'ils croient être leurs intérêts. Cependant, ou leurs intérêts changent avec une rapidité extrême, ou les oscillations perpétuelles des traités de commerce montrent que, sur ce point, il se commet sans cesse de nombreuses erreurs.

Le libre-échange consiste à laisser entrer dans une nation les produits de l'étranger, sans leur imposer un droit de douane.

La protection consiste à frapper d'un droit de douane les produits de l'étranger.

Au point de vue spécial de la question, on peut diviser les produits en deux classes :

les produits manufacturés et les produits
agricoles. A leur tour, ces derniers doivent
se diviser en deux classes : ceux que le
climat du pays permet de cultiver et ceux
dont ce même climat ne permet pas la culture.

En ce qui concerne les produits manufacturés, une nation qui les achète à une
autre en devient forcément tributaire. Un
peuple doit faire tous ses efforts pour
n'avoir pas à laisser entrer chez soi les
produits manufacturés de ses voisins.

Un pays qui achète à un autre le travail
de cent mille ouvriers, fait vivre ces ouvriers,
dont une partie, demain peut-être, quittera
l'usine pour prendre les armes contre ceux
à qui il vendait ses produits. De plus,
l'achat du travail manufacturé fait passer
dans le pays de la manufacture l'argent de
l'acheteur; de sorte qu'il est possible que
celui-ci se trouve, à un moment donné,
presque entièrement dépourvu de numéraire. Il ne peut faire rentrer ses espèces
qu'en se défaisant de ses produits agricoles.

Or, il est cent fois préférable, au point de

vue national, qu'un pays consomme lui-
même ses produits agricoles, en nourrissant
ses manufacturiers, ce qui augmenterait le
nombre de ses habitants, que d'envoyer
des vivres aux ouvriers des manufactures
étrangères.

C'est donc une chose raisonnable et
juste pour une nation de frapper de droits
de douane si élevés les produits de l'étranger, que ces droits protègent et encoura-
gent l'industrie nationale.

En ce qui concerne les produits agricoles
que le climat du pays permet de cultiver,
il faut distinguer entre ceux qui sont absolument nécessaires, et ceux dont on peut
plus ou moins aisément se passer.

La culture de ceux qui sont absolument
nécessaires s'impose de telle sorte qu'il
faut frapper d'un droit si élevé les produits
similaires de l'étranger que la culture nationale puisse atteindre son maximum de
développement.

S'il venait une guerre, la nation aurait
plus à souffrir du manque de ce produit
nécessaire que des armes de l'ennemi. Cet

état de choses pourrait obliger cette nation à faire une paix désastreuse quel que fût le sort de ses armes, à cause de la gêne et des souffrances des citoyens.

Pour les nations européennes, il faut citer le blé parmi les produits absolument nécessaires. Chacune de ces nations a donc intérêt à produire au moins assez de blé pour la nourriture de ses habitants.

Si le prix de revient d'un hectolitre de blé est plus élevé dans un pays que dans un autre, il faut que ce pays frappe les blés étrangers d'un droit de douane compensateur assez grand pour que le blé étranger ne puisse pas être vendu sur le marché national au-dessous du prix de revient du blé indigène.

C'est une erreur de dire comme cela a été fait à la Chambre française : Nous n'élevons pas davantage les droits de douane qui frappent les blés, pour qu'une nation amie puisse nous faire parvenir les siens.

A ce moment, la France n'avait pas assez de blé; elle était obligée, coûte que coûte, d'acheter à l'étranger celui dont elle manquait.

L'étranger aurait donc toujours fourni son blé au prix qu'il le vendait. Le seul effet du droit de douane plus élevé aurait été de permettre au cultivateur français de vendre le sien sans perte.

Quoique la protection soit utile pour les produits dont on peut plus ou moins aisément se passer, elle n'est pas cependant indispensable. Une guerre peut causer la gêne des habitants de la nation, mais elle ne peut pas causer un désastre.

Quant aux produits que le climat ne permet pas de produire, comme sont pour les nations européennes le café et les épices, le droit de douane qui les frappe ne constitue qu'un impôt indirect que le gouvernement fait payer à ses sujets.

Cependant, il arrive quelquefois qu'un pays produit des choses que le pays voisin ne peut pas produire. Ainsi la France produit des vins qui sont universellement estimés. Les nations du Nord qui avoisinent ce pays n'en produisent que peu ou pas du tout.

Les nations voisines ne voudront pas

laisser entrer les vins sans compensation; pour l'établir, on fera des traités de commerce.

Ordinairement, les traités de commerce font entrer dans les équivalents des échanges, appelés concessions réciproques : les objets manufacturés, les objets que le sol peut produire, et les objets dont le climat ne permet pas la culture. Cet échange de choses si différentes fait que chaque nation croit avoir fait un marché de dupe, ce qui explique le changement perpétuel des traités de commerce.

Pour que ces traités fussent durables, il faudrait que les équivalents ne portassent que sur les objets que chaque pays ne produit pas ou ne produit qu'en quantité insuffisante pour sa consommation.

Ainsi, dans ses traités de commerce, la France se préoccupe surtout d'obtenir, ou la suppression des droits de douane, ou des tarifs de faveur pour les articles dits de Paris, les soieries, etc. Elle sacrifie dans ce but la protection légitime des produits de l'agriculture, et il arrive cette chose étrange qu'un hectolitre de blé se vend au-dessous de son prix de revient sur le sol français, et que les bestiaux se vendent au-dessous de ce qu'ils ont coûté à l'éleveur.

C'est la ruine de l'agriculture. Si le paysan vit encore, c'est que les propriétaires ont fait les premiers frais des avantages accordés aux produits manufacturés français par les nations étrangères. Les grands propriétaires disparaissent, ceux qui les remplacent sont ce qu'on est convenu d'appeler des capitalistes, pour lesquels la propriété est un objet de luxe

Tout le monde s'accorde à reconnaitre que depuis une vingtaine d'années une crise intense sévit sur l'agriculture; il y a bien des contrées où la totalité du sol a été vendue plusieurs fois dans ce laps de temps. Il est convenu dans un certain milieu que ce sont ce qu'on appelle les années mauvaises qui causent ce mal. Or, il n'y a pas eu vingt années mauvaises consécutives; si cette calamité s'était produite, ce n'est pas la vente du sol qui aurait eu lieu, mais la famine qui aurait décimé le peuple.

Le véritable motif de la crise agricole, c'est que le propriétaire est obligé de vendre ses denrées au-dessous de leur prix de revient.

La France, au point de vue agricole, peut exporter des vins, des fruits et un grand nombre de denrées alimentaires. Au point de vue industriel, elle manque de houille, de fer et d'un grand nombre de métaux. Cette nation devrait accepter en tarif de faveur les choses dont elle manque au point de vue industriel des nations qui, en échange, accepteraient ses produits agricoles pareillement en tarif de faveur.

Pour pénétrer dans une nation, un hectolitre de vin paiera deux ou trois fois sa valeur. Pourquoi ne pas frapper la houille ou le fer qui viennent de cette nation de droits de douane prohibitifs ?

Vous n'acceptez pas mon vin ou mes fruits ? Je n'accepte ni votre houille, ni votre blé, ni vos pétroles, ni votre fer. Si vous voulez mes faveurs, accordez-moi les vôtres. Telle est l'idée qui devrait présider aux traités de commerce.

En résumé, l'Etat devrait :

1° Etablir des droits prohibitifs sur les marchandises que le sol produit en quantité suffisante pour ses habitants. Obtenir des droits moindres pour ses exportations en compensation des faveurs accordées à l'importation ;

2° Ne jamais baisser les droits, de manière à ce que les objets importés pussent se vendre au-dessous du prix de revient de ces mêmes objets produits par les nationaux ;

3° Ne frapper d'un droit de douane les choses que le sol ne produit pas qu'en raison des besoins du trésor.

Cependant, les partisans du libre échange font des objections spécieuses ; avant d'y répondre, il faut établir qu'il y a diversité pour le prix de revient d'un même objet, selon les contrées et les circonstances.

Ainsi, en France, le prix de revient est bien différent pour un hectolitre de vin, selon qu'il est récolté dans le Languedoc ou en Bourgogne, à cause de la différence de la production de la vigne dans ces deux contrées. Si les bourguignons ne récoltaient pas un vin très apprécié qu'ils vendent à quantité égale beaucoup plus cher que les languedociens, ils ne pourraient pas cultiver la vigne.

Les Américains cultivent à la vapeur. Le prix de revient d'un hectolitre de blé est bien moindre pour eux que pour les européens, dont les terres morcelées et accidentées ne sont pas susceptibles, en général, de ce genre de culture.

Les peuples dont les mines de fer et de houille sont voisines peuvent produire la fonte et le fer à meilleur compte que ceux dont le minerai est éloigné des gisements de charbon. Les premiers économisent les frais de transport et les déchets que le voyage fait subir au combustible.

Il y a des mines dont le charbon ou le minerai sont au niveau du sol, il y en a d'autres qui sont bien avant dans la terre. Une tonne de houille ou de minerai extraite des premières demande beaucoup moins de travail qu'une tonne de houille ou de minerai extraite des secondes; elle a donc de ce chef un prix de revient beaucoup moindre.

Il est superflu de démontrer que, toutes choses égales d'ailleurs, la richesse du minerai influe sur le prix de revient du métal qu'il fournit.

Il y a des pays dont les impôts sont considérables et des pays qui n'ont presque pas d'impôts. Les travailleurs de ces derniers peuvent, à conditions équivalentes, fournir un objet manufacturé à meilleur compte que ceux des premiers, parce qu'ils n'ont pas à majorer cet objet de la part de l'impôt que l'Etat prélève sur le travail des autres.

Ainsi, le prix de revient d'un objet peut. varier et varie ordinairement selon les climats et les circonstances.

Il vient d'être dit que l'impôt augmente le prix de revient d'un objet. On ne saurait trop faire remarquer que c'est l'exagération des impôts qui cause la décadence de l'industrie et la ruine des nations.

Quand l'ouvrier d'un pays ne peut plus produire un objet à un prix assez bas pour qu'il puisse être exporté, l'exportation cesse et le pays ne fait plus qu'importer.

L'importation, quand elle n'est pas compensée par l'exportation ou par la rentrée du numéraire pour une autre cause (les causes de la rentrée du numéraire en dehors de l'exportation seront signalées à la fin de ce chapitre) fait sortir la monnaie de l'État, et il arrive un moment ou les citoyens de cet État n'ont plus d'espèces métalliques et se trouvent par là même dans l'impossibilité d'importer. Alors les citoyens s'étiolent, les naissances diminuent et la famine décime les habitants. La nation végètera jusqu'au jour ou un roitelet voisin, Alexandre quelconque, s'emparera de ce nouveau royaume des Perses.

Les partisans du libre-échange étayent leurs théories en disant :

L'homme est le maitre de son travail, il a donc le droit de le vendre à qui il veut sans que personne puisse l'en empêcher. Cependant l'État le fait quand il frappe d'un impôt quelconque le travail de l'ouvrier.

On peut faire deux hypothèses; ou bien l'impôt dont il est question est un impôt de sortie, ou bien c'est un impôt d'entrée.

Si c'est un impôt de sortie, c'est-à-dire si cet impôt est frappé par le pays dont l'ouvrier est citoyen, on répond à cela que l'ouvrier n'est pas une unité indépendante dans l'État. Il est une unité du corps social, et, comme tel, il a le devoir de contribuer aux charges du pays, et il le fait en payant un impôt de sortie.

On ne peut pas dire, d'ailleurs, que cet impôt est injuste parce qu'il ne frappe que certaines marchandises. Ces marchandises sont celles que les circonstances permettent de fabriquer à meilleur compte que les autres dans la nation, et les ouvriers qui les produisent ont, de fait, à égalité de travail, un salaire aussi élevé que les autres.

D'ailleurs, il peut se faire que ces impôts de sortie soient nécessaires pour retenir les marchandises dans un pays. Il n'en est pas ainsi à notre époque, mais on ignore ce qu'il en sera demain. Qui oserait blâmer le pouvoir des temps anciens d'avoir empêché quelquefois la sortie du blé de la nation, quand cette mesure s'imposait pour éviter la famine? La liberté de vendre, pour le récoltant, devait céder le pas au droit de vivre que les citoyens d'un même pays ont le devoir de se protéger mutuellement.

Dans le cas où le droit de douane est frappé par le pays importateur, ce droit ne lèse en aucune manière la liberté de vendre de l'ouvrier producteur. Il ne suffit pas, en effet, que le producteur ait le droit et la liberté de vendre à qui il veut, il faut encore que celui à qui il veut vendre veuille acheter. L'acheteur a le droit d'acheter à telle condition qu'il lui plaît; il peut donc mettre un droit de douane comme condition à ses achats.

Le pays acheteur est quelquefois dans la nécessité de frapper un droit de douane pour protéger son industrie, c'est-à-dire ses citoyens, qui ont le droit de vivre de leur travail. Car il est faux, comme le disent les partisans du libre-échange, que la protection procure à l'ouvrier ou au patron

des bénéfices exagérés. La protection raisonnable s'inspire du bien du peuple et ne
procure pas ces bénéfices. Elle n'existe pas
pour enrichir une catégorie de citoyens,
mais pour leur permettre de produire malgré la concurrence d'étrangers que le sol
ou les circonstances favorisent.

Il vaudrait mieux, disent les partisans du
libre-échange, que les marchandises qu'un
pays ne peut produire qu'à un taux plus
élevé que ses voisins lui fussent livrées
par eux, et que les ouvriers de la nation
fissent autre chose.

La réponse à cette objection a été faite
dans le courant de ce chapitre, où il a été
démontré qu'il y a des marchandises que la
nation doit produire elle-même à peine de
déchéance, et qu'il y a des nations que leurs
impôts considérables forcent de frapper un
droit de douane les marchandises étrangères pour rétablir l'équilibre entre les
ouvriers étrangers et les nationaux. Ces
derniers ne pourraient se livrer à aucune
industrie, et partant, ne pourraient pas faire
autre chose comme le veulent les partisans

du libre-échange, si les objets fabriqués à l'étranger n'étaient pas frappés des mêmes impôts que les objets fabriqués par les ouvriers de la nation.

Il ne reste plus, pour terminer la question présente, qu'à dire un mot des importations et des exportations.

En supposant que les chiffres des importations et des exportations donnés par la statistique soient exacts, c'est une erreur de croire que ces chiffres représentent la prospérité matérielle d'un pays.

Il serait vrai qu'un pays dont les importations dépasseraient les exportations se ruinerait si les exportations étaient son unique source de richesse.

A côté des exportations, il y a les revenus que les nationaux tirent de l'étranger soit comme actionnaires de ses entreprises commerciales, soit comme propriétaires de ses fonds d'État.

Il y a, en outre, les dépenses que les étrangers viennent faire dans ce pays en l'habitant plus ou moins longtemps.

La Suisse est un pays où se rendent cha-

que année un très grand nombre de touristes. Ces étrangers y dépensent des sommes
quelquefois très considérables.

Afin que la Suisse demeure en balance,
il faut que ses importations dépassent les
exportations de la somme que les touristes
ont dépensée.

On peut dire la même chose à propos
des étrangers qui habitent Paris ou certaines contrées de la France.

Il n'est donc pas étonnant que pour notre
pays les importations dépassent les exportations. Les étrangers viennent dépenser
en France plus que les Français ne dépensent au dehors. De plus, les Français possèdent des revenus considérables prove-
nant de valeurs étrangères.

Il est établi par la statistique que les
Français, en 1890, possédaient 20 milliards
de valeurs étrangères donnant 950 millions
de revenus ; et en 1897, les Français avaient
26 milliards de valeurs étrangères donnant
1121 millions de revenu.

En supposant que l'augmentation des
valeurs étrangères ait été fournie par les

revenus des 20 milliards que les Français possédaient en 1890, il reste encore, pour cette période de sept années, en tenant compte de l'intérêt des intérêts et de la plus-value des valeurs, une somme de 250 à 300 millions par an que la France a pu employer aux importations sans rien perdre de son numéraire et par conséquent sans devenir pauvre.

CHAPITRE XII

Production et Consommation.

Toutes les fois que l'homme exerce son activité physique ou intellectuelle, il travaille.

Le travail peut être nuisible, indifférent ou utile à la société.

Le travail nuisible à la société est celui qui lui cause un mal. L'auteur qui fait un livre qui porte au désordre et au libertinage fait un travail nuisible à la société. De même l'assassin qui tue les gens au coin d'un bois. De même aussi le banquier qui lance une affaire véreuse.

Le travail indifférent à la société est celui qui ne lui cause ni bien ni mal. Ce travail est ordinairement appelé distraction : ainsi les promenades, les visites, les courses, etc.

Le travail utile à la société est celui qui met un bien à sa disposition, tel est le travail de l'industrie, du commerce, etc.

Dans ce chapitre, il ne sera question que du travail utile à la société. D'ailleurs, ce n'est que ce dernier que l'on appelle ordinairement travail.

Ce n'est pas la dépense d'activité qui fait le travail utile, mais la façon dont cette activité est employée au bien de la société. Ainsi, le vaisseau qui va promener son maître ne fait aucun travail utile à la société. Il ne travaille pas, au sens ordinaire du mot; mais il travaillerait si dans ses courses il portait des marchandises et des passagers.

Le travail est de l'essence de l'être intelligent. Les théologiens et les philosophes enseignent que Dieu est un acte pur, l'Être qui agit sans cesse; par conséquent travaillant toujours.

L'être intelligent doit se servir de son intelligence; pour cela, il la met en action. Or, l'intelligence qui agit, travaille; donc, le travail est de l'essence de l'être.

Il est plus noble à l'homme et plus conforme à l'amour qu'il doit à ses semblables qu'il fasse un travail utile. Dieu lui fit un commandement exprès de ce travail, immédiatement après sa création. La Genèse nous enseigne qu'Il plaça l'homme dans le paradis, pour le travailler et le garder (Gen., II, 15).

La loi naturelle veut aussi que tout homme travaille sur la terre. Le travail est la source unique de toutes les choses qui sont à notre usage. Il est de toute justice que si nous prenons aux autres une partie de leur travail, nous leur donnions une partie du nôtre, pour les compenser de nous avoir donné le leur.

C'est donc une chose contraire à la loi naturelle et à la loi positive que de ne pas travailler et l'homme qui passe sa vie à ne rien faire est un malheureux. Il prend à la société et ne lui donne rien; s'il venait à disparaître, il y aurait autant d'objets pour l'usage des hommes et ils seraient moins nombreux pour les consommer; sa mort serait donc une chose utile à la société.

Cette pensée est de nature à porter au travail un certain nombre de jeunes oisifs qui ne considèrent la vie que comme un tissu de jouissances, d'où le travail doit être rigoureusement exclu. Qu'ils fassent réflexion que leur luxe et leur inutilité appellent la vengeance divine. Qu'ils pensent que le peuple ne les voit pas sans peine porter partout leur désœuvrance; que leur conduite causera peut-être leur malheur et celui de la patrie. Ils seront honteux de leur existence et la changeront contre une vie de travail et de labeur.

Il ne faut pas conclure que tout le monde est obligé de travailler; il y a sur la terre la classe très nécessaire des impotents : ceux-là, à cause de leurs infirmités, ne sont capables d'aucun travail. Il y a, parmi eux, ceux qui ne purent jamais travailler, il y a aussi ceux auxquels la vieillesse ou la maladie ont enlevé leurs forces. Les uns et les autres ne sont pas soumis à la loi du travail, et ils sont les seuls à n'y être pas soumis.

Si l'homme était demeuré pur, tel qu'il était au paradis terrestre, le travail aurait pu être une peine et une fatigue; il n'aurait pas été une pénitence, comme il l'est

aujourd'hui, en punition de la désobéissance de notre premier père.

C'est parce que le travail est une pénitence en même temps qu'une peine et
une fatigue, que l'homme, en général, ne
s'y livre plus volontiers et avec plaisir,
ce qui rend nécessaire de lui rappeler souvent qu'il a le devoir de travailler.

Il n'est pas indispensable que tout le
monde s'occupe à un travail manuel. Il est
bon et même nécessaire qu'il y ait des
hommes qui ne travaillent que de l'intelligence. Ce travail semble convenir en
général à ceux qui sont favorisés des biens
de la fortune. Il vient d'être démontré que
les riches sont obligés de travailler; leur
place est toute indiquée dans les carrières
libérales. Au chapitre de l'instruction, il a
été dit combien il est dangereux à un pauvre de s'engager dans une de ces carrières;
ce danger n'existe pas pour celui qui n'a
pas besoin de travailler pour gagner sa vie
et qui peut attendre les clients sans être
aux prises avec les nécessités de l'existence.

La nature du travail intellectuel fait qu'il ne peut pas y avoir lutte dans les carrières libérales entre le capital et le travail. Les outils nécessaires pour ce genre de travail sont peu nombreux et chaque travailleur possède les siens. Il ne peut donc pas y avoir lutte entre le capital et le travail, puisque le travailleur possède lui-même le capital.

La lutte ne peut exister qu'entre le travailleur et le client; elle existe malheureusement quelquefois. Il n'est pas rare, par exemple, qu'un chirurgien, un médecin ou un avocat, ne demande à son client une somme que celui-ci trouve exagérée. La chose n'est cependant pas si commune qu'elle puisse engendrer la haine des classes et mettre en péril la société.

On ne peut pas en dire autant des rapports des ouvriers et des patrons, ou, ce qui est la même chose, des rapports du capital et du travail.

Il est évident que patron et capital sont deux aspects différents d'une seule et même chose, qui est l'outil du travail et sa direction. Pareillement ouvriers et travail sont deux aspects différents d'une seule et même chose qui est l'aide des machines pour la production.

Pour dire ce qu'il y a de juste dans les prétentions du capital et du travail, il faut auparavant parler de la production et de la consommation ; car on ne travaille que pour produire et on ne produit que pour consommer.

Si l'on demande à un ouvrier pourquoi il travaille, il répond immédiatement : pour vivre, et par ce mot vivre il entend les choses nécessaires à sa vie et à celle de sa famille.

D'un autre côté, si l'on demande à l'homme riche pourquoi il place ses capitaux dans une entreprise quelconque, il répond : pour qu'ils produisent un intérêt.

Ainsi, la production est faite par l'alliance du capital et du travail ; il faut donc que l'un et l'autre rapportent, autrement celui qui ne rapporterait pas se retirerait et l'usine ne pourrait plus produire.

Il y a aujourd'hui une tendance marquée

à la diminution des intérêts. Est-ce un bien ou un mal au point de vue social ? Il est répondu à cette question au chapitre suivant.

Dans l'usine, le capital transformé en machines travaille ; il n'est pas seul à travailler ; il y a encore les ingénieurs, les directeurs de l'usine et les ouvriers.

Il n'est pas nécessaire de parler des rétributions des ingénieurs et des directeurs de l'usine ; les ouvriers ne se plaignent pas de cette rétribution ; il faut en conclure qu'elle est proportionnée aux services rendus et juste par conséquent. Dans les usines socialistes, la rétribution des ingénieurs et des directeurs est beaucoup plus considérable que dans les autres usines. Les ouvriers signalent cet excès de rétribution qui est une des causes de l'impossibilité matérielle de l'existence d'une usine socialiste.

Il reste à parler du travail des ouvriers.

Si chaque homme pouvait produire toutes les choses dont il a besoin, il les produirait et n'aurait pas recours à son prochain pour la satisfaction de ses besoins. Comme il n'en est pas ainsi, chacun produit un plus grand nombre des choses qu'il sait faire et échange son excédent de production contre l'excédent de production de ses semblables. Pour plus de commodité, au lieu d'échanger entr'eux les objets ouvrés, on les échange contre un objet unique et plus facilement divisible : l'argent. L'argent représente donc le travail de l'homme.

De ce que l'homme qui travaille échange une partie de son travail contre une partie du travail de ses semblables, il faut conclure qu'il doit y avoir égalité entre les travaux échangés. Par égalité, il faut entendre qu'un objet qui a coûté, par exemple, dix heures de travail a la même valeur marchande qu'un autre qui peut avoir coûté plus ou moins de dix heures de travail, mais qui, eu égard aux fatigues nécessaires pour le produire, à l'habileté requise dans l'ouvrier et à une foule d'autres circonstances, représente les dix heures de travail qu'a coûté le premier objet.

C'est cette égalité prise dans le sens qui vient d'être indiqué qui constitue ce qu'on pourrait appeler l'équivalence des travaux.

Cette équivalence des travaux est une nécessité en pratique; car le jour ou un métier cesse de rapporter la vie à celui qui l'exerce, le métier lui-même cesse d'exister, et, s'il cesse d'exister, c'est que la société n'a plus besoin des produits de ce métier, soit parce qu'elle les a remplacés par d'autres, soit parce qu'elle les produit au moyen des machines et à meilleur marché.

Ceux qui ne peuvent plus exercer le métier qui disparait en prennent un autre et vivent en faisant autre chose. Chaque village avait autrefois un tisserand et un fabricant de charrues en bois. Le fabricant de charrues a fait place à l'usine et le tisserand a été remplacé par les grandes fabriques.

Ces métiers disparus et ceux qui sont à la veille de disparaitre, comme celui de meunier à vent, sont la démonstration irréfutable de l'équivalence des travaux.

A la vérité, on peut objecter contre l'équivalence des travaux les grèves qui, de nos

jours, sont presque continuelles. Les grévistes exercent une profession utile et ils
jugent qu'ils donnent à la société plus qu'ils
n'en reçoivent, ils demandent une augmentation de salaire. Les grévistes considèrent
donc que l'équivalence des travaux est
détruite à leur préjudice.

Il est hors de doute que dans l'état économique actuel l'équivalence des travaux
est rompue; mais ce n'est pas pour telle ou
telle industrie, mais pour toutes, puisque
tour à tour les ouvriers de chacune d'elles
se mettent en grève.

A la vérité, un grand nombre de grèves
ont pour cause la politique. Cependant, le
nombre des grèves politiques, comparé à
celui des grèves économiques, est peu considérable. D'ailleurs, les grèves politiques
deviendraient très rares, si les conditions
économiques des ouvriers ne donnaient
pas prise aux critiques des nombreux far-
ceurs et des rares convaincus de la sociale.

La rupture entre l'équivalence des travaux, ou, ce qui revient au même, le mauvais état économique des ouvriers, a trois

causes principales : le fonctionnement actuel du patronat anonyme ; la dette publique ; les dépenses exagérées de l'Etat.

Il est question des deux causes dernières
au chapitre suivant et à celui des impôts.
Il reste à parler du fonctionnement du patronat anonyme.

Quand un industriel, appelons-le X...,
fonde une usine ; il fait appel aux capitaux ;
ceux qui fournissent les capitaux seront les
actionnaires, c'est-à-dire les propriétaires
de l'usine.

Supposons l'usine fondée au capital va-
riable de cinq millions divisés en dix mille
actions de cinq cents francs chacune. X...
prévoit qu'un premier versement de cent
francs sera suffisant.

L'usine acquiert des machines ou use
d'un procédé qui lui permet de produire
davantage ou meilleur marché que les usines similaires. De sorte que, les ouvriers et
tous frais payés, il reste aux actionnaires,
je suppose, un million.

Chaque actionnaire qui a versé cent
francs recevra cent francs d'intérêt ; c'est

une injustice en ce sens que l'équivalence des travaux est rompue puisque le capital, qui est un travail actualisé, ne doit pas rapporter cent pour cent.

Il est vrai qu'on répond à cela qu'un grand nombre d'entreprises font sombrer le capital, et que lorsque le capitaliste en rencontre une qui lui rapporte beaucoup, bon pour lui. Raisonnement faux et qui se réduit à ceci : Hier, le capitaliste a été volé. Le vol dont il a été victime lui donne le droit de voler à son tour.

De plus, et c'est surtout à cause de ceci que le patronat anonyme est mauvais, de plus le capitaliste ne garde pas toujours en portefeuille les mêmes valeurs ; il les échange bien souvent, de sorte que les actions de l'usine, qui n'ont coûté que cent francs à l'actionnaire fondateur, se vendent peu à peu beaucoup plus cher et que si elles rapportent cent francs comme dans l'hypothèse actuelle, elles se vendent bientôt deux mille francs et même davantage, parce que le capitaliste qui achète, n'achète en fin de compte que le revenu, les rentes, et que l'usine en question donne aux actionnaires, pour chaque action, cent francs par an.

Pendant ce temps, quelques capitalistes étrangers à l'usine ont eu vent de la chose, et fondent une usine semblable (quelquefois ce sont les fondateurs de la première usine qui, après avoir vendu leurs titres en fondent une seconde), avec cette différence qu'ils vont encore fabriquer plus et à meilleur marché à cause du perfectionnement perpétuel des machines et des procédés de fabrication. La nouvelle usine qui veut vendre et qui ne représente qu'un capital de un million, au lieu de vingt qu'en représente l'ancienne, offre ses objets à meilleur marché.

L'ancienne usine est obligée de baisser ses prix, et les actions qui ont coûté deux mille francs ne rapportent plus cent francs. Il faut cependant qu'elles rapportent quelque chose, et un avis affiché par le directeur en lieu spécial avertit les ouvriers qu'on va diminuer leur salaire. L'ouvrier acceptera une première et même une se-

conde diminution; mais bientôt il s'aper-
cevra qu'il ne peut plus vivre, ses économies disparaîtront ; en fin de compte, il se
mettra en grève

Pendant la grève, on criera contre le capital, l'infâme capital. Il y aura compromis,
les ouvriers reprendront leur travail, mais
les actions ne rapporteront plus rien. En
Europe, l'usine marchera quand même dans
l'espoir de jours meilleurs. En Amérique,
l'usine sera mise en faillite et presque toujours démantelée.

Quand l'usine d'Europe sera obligée de
renouveler ses machines ou de faire de
grandes réparations à ses édifices, elle sera
encore obligée de diminuer le salaire des
ouvriers, qui se mettront en grève, et fina-
lement feront flamber l'usine avant d'aller
travailler ailleurs.

Si l'usine ancienne, au lieu de faire rapporter cent pour cent à ses actions avait
baissé le prix de ses produits, elle aurait
pu empêcher la construction d'une usine
rivale, se tenir au courant des progrès de
l'industrie, acquérir les machines nouvel-

les, ne pas baisser le salaire de ses ouvriers, et être en plein travail le jour où les grévistes l'ont brûlée.

Un grand nombre d'écrivains ont parlé pour ou contre la grève, et, selon la thèse qu'ils ont adoptée, l'ont trouvée la plus mauvaise ou la meilleure des choses.

Quelques publicistes de bonne volonté, également disposés à la bienveillance à l'égard des ouvriers et des patrons, ont déclaré la grève : Une arme dangereuse.

On appelle grève : la cessation du travail dans une usine par le fait des ouvriers.

A moins de circonstances spéciales, les ouvriers ont le droit de se mettre en grève. Chacun, en effet, a le droit de travailler ou de ne pas travailler, selon son bon plaisir.

En soi, la grève n'est pas injuste, il y a au moins un cas où elle est bonne et utile, c'est quand elle améliore le sort de l'ouvrier, auquel le capital ne donne pas la part qui lui revient en justice dans la production.

Cependant et en général, la grève a des inconvénients tels qu'on ne saurait trop engager les ouvriers à recourir aux autres moyens de faire aboutir leurs revendications avant d'avoir recours à celui de la grève.

La grève attise le feu de la lutte entre le capital et le travail, lutte qui est également néfaste à l'un et à l'autre, et qui pourrait être cause de la coalition du capital.

Les ouvriers, de nos jours, ont pris l'habitude de se solidariser, et quand ceux d'une industrie se mettent en grève, un grand nombre d'autres, de différentes industries, menacent de se mettre en grève à leur tour. On parle quelquefois de grève générale; demain elle sera peut-être un fait accompli.

Cette grève générale serait un très grand malheur non seulement parce qu'elle tarirait la source de la production, mais encore, mais surtout parce qu'elle solidariserait le capital.

Il ne faut pas croire que le capital universel serait battu par la grève générale.

La grève générale tarirait la source de la production et laisserait le capital, c'est-à-dire le riche, et le travail, c'est-à-dire l'ou-

vrier, avec leurs ressources actuelles. Celles
de l'ouvrier, qui sont les plus petites,
seraient les premières épuisées, et il serait
obligé d'accepter de rentrer à l'usine,
quelles que fussent les conditions imposées par le capital.

Or, et la chose ne fut jamais aussi vraie
que de nos jours, le capital est sans en-
trailles ; s'il constate que la grève générale
lui donne la victoire, il se solidarisera et
mettra tous les ouvriers en grève, toutes
les fois que ceux-ci s'y mettront, en un
point quelconque du globe, quelque justes
et quelque raisonnables que soient leurs
revendications.

Si le capital n'a pas encore fermé les
usines à l'occasion d'une grève, c'est qu'il
est très égoïste et qu'il n'a pas cru avoir
intérêt à le faire ; si les ouvriers lui montrent qu'il se trompe, il reconnaîtra bien
vite son erreur.

La grève générale aurait donc pour effet
d'empêcher, dans l'avenir, toute grève par-
tielle, et ce qui serait autrement grave :
livrerait l'ouvrier à la merci du capital.

En pratique, la grève est presque toujours l'occasion de la violation de la liberté du travail, puisque les grévistes imposent le repos aux ouvriers qui voudraient continuer d'aller à l'usine.

La grève amène quelquefois l'effusion du sang; à ce point de vue, elle est un très grand mal.

Bien souvent, les grévistes semblent prendre à tâche de détruire un nombre considérable de travaux; l'usine qui devra les faire rétablir, verra par là même augmenter son capital-actions et par conséquent sera obligée de diminuer la part qui reviendra aux ouvriers dans la production.

Dans tout ce qui précède, il n'a été question que des grèves justes, causées par le refus opposé aux revendications rationnelles des travailleurs. Il n'est pas besoin de dire que les autres grèves ne doivent ni ne peuvent être acceptées comme légitimes.

Il faut placer parmi ces dernières les grèves causées par l'abondance des commandes et dont le but est d'obliger le patron qui s'est engagé à livrer un travail dans un temps donné, à subir les conditions léonines des travailleurs. Le jour où le patron sera libéré, il mettra les plus turbulents de ses ouvriers à la porte de l'usine; ce sera la revanche du capital contre le travail.

On ne saurait non plus approuver les grèves causées par la politique. Qui osera jamais donner raison aux ouvriers de s'être mis en grève, parce que les hasards du suffrage universel n'ont pas fait maire le cabaretier chez lequel ils se réunissent après leur travail de chaque jour?

La grève est un fléau.

L'industrie moderne n'a qu'une seule chose en vue : Produire.

Autrefois, à Rome, le maître se préoccupait de la santé et du bien-être de ses esclaves; il leur donnait de temps en temps le repos nécessaire à la réparation de leur force physique et à la conservation de leur énergie morale. Le procédé de ces temps anciens ne vaut rien pour l'industrie moderne.

Afin d'autoriser le travail du dimanche

comme celui des autres jours, l'industriel vous dira qu'il faut que ses capitaux rapportent le dimanche comme les autres jours, puisqu'il en paie le loyer ce jour-là comme les autres.

A quoi l'on doit répondre que, s'il l'avait voulu, il aurait pu, comme c'était son devoir, exempter du contrat de louage la production du dimanche et ne louer l'usine que pour les six autres jours de la semaine.

Les ouvriers disent, de leur côté, que puisqu'on mange le dimanche, il faut aussi travailler ce jour-là.

Leur raisonnement est mauvais et leur erreur vient de ce qu'ils établissent une relation constante entre le temps du travail et celui de la consommation; en sorte que l'une de ces choses ne doit et ne peut exister que concurremment avec l'autre. Mais alors, quand il y a chômage, l'ouvrier ne devrait pas manger; il ne devrait pas le faire non plus quand, devenu vieux, il ne peut pas travailler et l'enfant qui ne peut pas encore produire devrait, lui aussi, être privé de manger.

Ce ne sont pas seulement les êtres animés qui ont besoin de se reposer, la matière elle-même perd une partie de son énergie par l'usage et la recouvre par le repos. C'est au moins ce qu'affirment les savants modernes.

Il n'est pas nécessaire de démontrer ici que l'homme a besoin du repos dominical pour refaire son énergie physique et pourvoir à ses besoins moraux. La question est traitée un peu partout dans les livres, les journaux et les revues modernes, et résolue en général en faveur de ce repos.

Au moment où j'écris ces lignes, les ouvriers maréchaux de Paris viennent de se mettre en grève; j'ignore pour quel motif; il ne m'est donc pas permis de dire qu'ils ont tort ou raison ; ils demandent cependant une chose juste et que le patronat doit leur accorder : c'est la cessation du travail le dimanche.

Le repos dominical ne nuit pas à la prospérité des peuples. La nation la plus prospère du monde, l'Angleterre, est le pays où il est le mieux observé. La Providence ne peut pas laisser impunie la violation des lois divines ; et la grève, fléau de Dieu, vient arrêter la production effrénée et quelquefois même démanteler l'usine qui n'a pas su chômer le dimanche, pour laisser à l'ouvrier le repos dont il a besoin pour son bien physique et son perfectionnement moral.

Il résulte de ce qui vient d'être dit sur l'équivalence des travaux, qu'il faut que l'ouvrier gagne un salaire suffisant pour les besoins de sa vie et ceux de sa famille, quand celle-ci est une famille ordinaire ; c'est à ce point de vue que le salaire est appelé familial.

Le Saint-Père, dans l'Encyclique : « De la condition des ouvriers », demande que le salaire soit familial et nous oblige à le considérer comme dû à l'ouvrier en stricte justice.

Cette doctrine est contraire à celle de l'offre et de la demande, laquelle a été inventée par le libéralisme pour l'esclavage de l'ouvrier.

Il était généralement admis, jusqu'à ces

derniers temps, que l'entrepreneur qui profitait de la gêne ou de la pauvreté de l'ouvrier pour lui imposer un travail insuffisamment rétribué, ne péchait pas au moins contre la justice.

La doctrine libérale de l'offre et de la demande était passée dans la pratique et menaçait de ruiner les pauvres et les petits.

C'est pour échapper aux conséquences désastreuses de cette doctrine que les ouvriers eurent si souvent recours à la grève.

La grève n'a pas remédié au mal; le désordre physique avait pour cause un désordre moral. Il fallait détruire celui-ci pour atteindre l'autre. Or, quand il existe un désordre moral sur la terre, il n'y a que le Pape qui puisse le dénoncer efficacement.

Le Saint-Père l'a fait dans l'Encyclique : « De la condition des ouvriers ». Il n'est pas permis, dit notre Père, de profiter de la gêne de l'ouvrier pour lui imposer un travail insuffisamment rétribué.

Donc, l'offre et la demande n'ont rien à

voir dans la question du salaire. Celle-ci doit être réglée d'après le principe de la justice qui demande qu'il soit rendu à l'ouvrier l'équivalent de sa production.

Sans doute, l'ouvrier et le patron font un contrat; mais l'ouvrier n'est pas censé céder une partie de son salaire, à cause de sa pauvreté. Si le patron lui impose cette condition, le contrat est vicié, parce que l'ouvrier n'a pas la liberté de contracter autrement. C'est à cause de ce manque de liberté que le contrat est nul.

Si l'ouvrier reçoit de son travail un salaire équivalent et proportionnel, ce salaire est familial.

On ne peut ni on ne doit dire à l'ouvrier qui produit un objet à l'aide d'une machine : « Si vous produisiez cet objet à la main, vous gagneriez telle somme par jour. Dans la fabrication de cet objet, faite à l'aide de la machine, vous gagnerez la même somme : le reste sera la part de la machine.

Cela serait injuste, parce que la question n'est pas de savoir ce que l'ouvrier gagnerait en exerçant son activité sans l'aide de la machine, mais quelle part revient à cette activité pour le concours qu'elle donne à la machine dans la production des objets.

Au point de vue spécial de la question, l'ouvrier est lui-même une machine. Or, si le capital devenu machine a droit, dans la production : 1° à un intérêt ; 2° à une somme pour les réparations de la machine ; 3° à l'amortissement du capital, l'ouvrier à son tour a droit à un salaire suffisant : 1° à sa vie ; 2° à celle de sa famille ; 3° à la formation d'un petit pécule qui lui permettra de vivre quand la vieillesse sera venue et qu'il ne pourra plus travailler. C'est le salaire ainsi entendu que le Saint-Père appelle le salaire familial.

Ce droit de l'ouvrier est indépendant de la valeur de son concours dans la production. Il vient des devoirs que Dieu lui a donnés ; et parce qu'il est un agent nécessaire de la production, il faut pour qu'il y ait production que cet agent existe et que la production pour laquelle il travaille uniquement le fasse exister comme la Providence veut qu'il existe et avec les charges qu'elle lui a données.

Dieu donc veut que le salaire soit familial; de plus, il veut que ce salaire nous paraisse juste non pas seulement parce que telle est sa souveraine volonté, ou encore parce que l'existence de ce salaire est nécessaire à la production, mais parce que le concours de l'ouvrier dans la production de la machine vaut ce salaire.

Il est injuste de mettre sur un même pied, pour être rétribuées proportionnellement au kilogrammètre, la force de l'ouvrier et celle de la machine. La force de la machine est aveugle, et elle ne produit que parce que l'ouvrier lui prête son concours ; tandis que la force de l'ouvrier est intelligente. D'ailleurs, toutes les fois que la force de l'ouvrier peut être remplacée par celle de la machine, cela se fait presque instantanément, parce que, toutes choses égales d'ailleurs, la force de la machine vaut moins que celle de l'ouvrier.

La force de l'ouvrier ne peut donc pas être remplacée par celle de la machine ; elle ne lui est donc pas comparable, dans leur production en commun. De plus, l'intelligence de l'ouvrier est un facteur nécessaire dans la production. Ce n'est pas seulement la force de l'ouvrier qui produit, mais la force aidée et dirigée par l'intelligence. Pour tous ces motifs, l'ouvrier a droit au salaire familial.

Il faut encore répéter ici que l'ouvrier ne travaille que pour se procurer les choses dont il a besoin, et comme ces choses sont toutes le produit du travail, il cède une partie de son travail transformé contre une partie du travail transformé des autres. Et parce que les ouvriers sont tous dans le même cas, et qu'ils ont, dans le plus grand nombre des cas, une famille, il faut conclure que le salaire doit être nécessairement familial.

L'homme a pour son usage les choses nécessaires, les choses utiles et les choses d'une utilité moins grande; ces dernières constituent le superflu.

Le travail des machines et celui des ouvriers produit toutes ces choses; celles qui sont les plus nombreuses sont le superflu.

Dans cette question de production et de consommation, il est peut-être exact de dire que le superflu revient au capital transformé en machines, et que le nécessaire et l'utile doivent être la part de l'ouvrier.

Cependant l'ouvrier cède une partie du nécessaire et de l'utile qui lui revient à ceux qui ne produisent pas. En remplacement de ce qu'il cède, l'ouvrier a droit quelquefois aussi au superflu.

Les socialistes américains émettent le vœu qu'il n'y ait plus de champagne pour personne, mais du pain et de l'eau-de-vie pour tout le monde. De quel droit veulent-ils que les coteaux de Champagne demeurent incultes ? La justice sociale demande-t-elle que tout le monde soit privé d'un plaisir ? N'est-il pas préférable que chaque travailleur puisse se le procurer quelquefois ? Passons l'usage fréquent du champagne aux heureux de ce monde, et souhaitons de le voir paraître de loin en loin sur les tables de l'ouvrier, à l'occasion des réjouissances de la famille.

Quelques catholiques de bonne volonté n'entendent pas le salaire familial dans le sens qui vient d'être indiqué. Ils veulent que l'ouvrier, pour le même travail, gagne proportionnellement à ses charges de famille.

Ceux qui adoptent cette opinion n'ont pas la notion exacte du travail; ils tombent dans l'erreur socialiste qui est que chacun doit produire selon ses forces et consommer selon ses besoins. De plus, leur manière de voir, au lieu d'être utile aux ouvriers chargés de famille, leur serait nuisible.

Le chef d'atelier ou d'usine choisirait toujours les ouvriers célibataires ou sans charges de famille. Ceux qui auraient le plus besoin de travailler seraient ceux qui chômeraient le plus souvent.

Dans l'état actuel des choses, quand une usine est obligée de renvoyer des ouvriers, le chef renvoie ceux qui ont le moins de charges de famille. Les petites bouches auxquelles il doit le pain de chaque jour plaident en faveur de l'ouvrier, et il faut des circonstances très graves pour que le père d'une nombreuse famille n'ait plus de place à l'usine où il travaillait depuis long-temps. C'est le contraire qui aurait lieu si le salaire était proportionné aux charges de famille.

Mais alors l'ouvrier célibataire peut tra-vailler à meilleur compte que l'ouvrier chargé de famille. De là une concurrence désastreuse pour l'ouvrier marié.

Dans cette objection, on suppose l'ou-vrier célibataire sans passions. Y en a-t-il beaucoup sur mille? Y en a-t-il même quel-ques-uns? Je laisse aux ouvriers eux-mêmes le soin de répondre à cette question. Ils nous affirment que l'ouvrier célibataire a besoin de gagner autant que l'ouvrier chargé de famille.

De fait, l'ouvrier célibataire ne fait pas concurrence à l'ouvrier marié. Ce n'est pas là qu'il faut chercher la cause de l'insuffi-sance du salaire. Cette insuffisance, en effet, a trois causes principales : la dette publique; le trop grand nombre des fonc-tionnaires; le rapport usuraire des capitaux industriels, ainsi que cela est démontré au chapitre de l'impôt et au suivant.

Ce qui a été dit dans ce chapitre à propos du salaire familial doit s'entendre d'un ouvrier de condition moyenne; il est évident qu'un ouvrier au-dessous de la moyenne ne doit pas gagner un salaire familial, tandis qu'un ouvrier d'une intelligence et d'une activité au-dessus de la moyenne doit gagner davantage.

CHAPITRE XIII

Questions d'Argent.

Il n'est pas nécessaire de rapporter ce que les théologiens ont dit touchant la légitimité du prêt à intérêt. Le grand nombre d'entr'eux ne permet pas de retirer un intérêt de l'argent par le fait même du prêt. *Vi mutui.*

L'opinion contraire a eu de tous temps ses défenseurs et l'Eglise ne l'a pas condamnée.

Il est probable que le grand nombre des théologiens fut contre le prêt à intérêt à cause de ses conséquences funestes. Une chose qui détruit les patrimoines, trouble la paix des familles et peut, en certains cas, allumer des haines aussi durables que le sol à l'occasion duquel elles sont nées, doit être mauvaise et, par là même, défendue.

Tout propriétaire qui emprunte se ruine; car si ses revenus ne lui suffisent pas pour vivre cette année, ils lui suffiront encore moins l'année prochaine, quand il sera obligé de payer des intérêts.

De nos jours, la facilité d'emprunter est extrême et cause la ruine d'un certain nombre de propriétaires. Une signature suffit pour se procurer de l'argent. Les hommes d'affaires préparent toutes les pièces. L'emprunteur n'a qu'à se rendre dans leurs bureaux, à donner sa signature, et il entre aussitôt en possession de la somme dont il a besoin.

Toutefois, il arrive un moment où celui qui emprunte ne trouve plus aucun crédit. Il constate alors qu'il est ruiné; il cherche partout à emprunter, et ses recherches sont toujours infructueuses. S'il avait mis à conserver sa fortune le quart de l'activité qu'il met à trouver un prêteur, il ne l'aurait pas perdue.

Dans ces moments particulièrement pénibles, où les hommes de loi visitent sa propriété, qui va passer dans d'autres mains, celui qui se ruine se plaint que sa signature n'ait aucune valeur encore qu'il ait toujours été un parfait honnête homme.

L'honnêteté et la probité la plus irréprochable ne donnent aucune valeur à la signature de l'emprunteur. Au point de vue du prêt, la signature ne vaut que l'équivalent du bien de celui qui emprunte. Il n'y a d'exception que pour les entreprises et le commerce, où la signature de l'emprunteur honnête vaut, en plus de l'équivalent de son bien, ce que valent son intelligence et son activité.

En attaquant ou en défendant le prêt, les théologiens ne se donnent pas comme les témoins de la tradition ; ils écrivent en tant que moralistes chrétiens, les uns pour approuver une chose qui leur paraît légitime, les autres pour la réprouver.

Le prêt avait presque toujours autrefois des conséquences funestes. Son nom : usure, morsure, destruction, indiquait ses effets désastreux pour les patrimoines qu'il dispersait.

De nos jours, le prêt a totalement changé. Il n'est plus que rarement la destruction des héritages ; son rôle principal est d'aider à la production.

Dans la plupart des cas, l'argent prêté sert aux divers besoins de l'industrie. Il se transforme en choses qui concourent à la production, et, comme tel, a droit de participer aux bénéfices.

Si une usine a besoin d'une machine nouvelle et qu'elle n'ait pas des capitaux pour la payer, elle n'a que deux moyens de se la procurer : emprunter la machine ou les capitaux nécessaires à son achat. Dans le premier cas, elle loue la machine au fabricant; dans le second, elle la loue aux capitalistes qui lui ont fourni les capitaux nécessaires, car ceux-ci se sont transformés et sont devenus la machine.

Dans ce second cas, le seul qui nous occupe, les capitaux devenus machine produisent; ces capitaux appartiennent aux prêteurs; il est juste qu'ils produisent pour eux, puisque, selon l'adage, la chose fructifie pour celui auquel elle appartient.

Ainsi, toutes les fois que l'argent prêté se transforme en agent de production, l'intérêt est juste; toutes les fois, au contraire, que l'argent prêté ne se transforme pas en

agent de production, l'intérèt est injuste
parce qu'on exige un rapport de quelque
chose qui ne rapporte pas.

Il résulte de cela que les rentes d'Etat
sont injustes. Quand l'Etat emprunte, il le
fait, ou pour ne pas augmenter l'impôt pour
ses dépenses ordinaires, ou bien pour faire
des dépenses extraordinaires, comme, par
exemple, payer une indemnité de guerre.

Dans tous ces cas et dans tous les autres
où l'Etat devient emprunteur, il ne reste
rien de l'argent emprunté. Que l'argent ait
servi à payer les employés du gouvernement, ou à une indemnité de guerre, ou
bien qu'il ait été transformé en routes ou
en travaux d'embellissement divers, il ne
peut rien rapporter à l'Etat qui ne le possède plus.

En outre, les rentes de l'Etat détruisent
l'égalité entre la production et la consommation, et quand elles atteignent un chiffre
très élevé, elles sont un véritable danger
national.

Si les rentes d'un Etat sont possédées
par des étrangers, les citoyens de cet Etat

travaillent pour ces étrangers. Cet État est encore exposé à voir tout son or passer aux mains de ses prêteurs. De sorte qu'il peut y avoir et qu'il y a des nations qui n'ont que très peu de métal monnayé.

Quand les rentes d'un État en sont possédées par les citoyens, ce dernier inconvénient n'existe pas. Aussi, les financiers ne manquent pas de dire : Cet État est riche, il couvre ses emprunts, son or ne va pas à l'étranger. Quelle que soit l'importance de sa dette, aucun citoyen n'en est incommodé.

Cette dernière assertion est inexacte. Dans un État qui couvre ses emprunts à l'intérieur, il y a les citoyens qui possèdent les rentes, et les citoyens qui ne les possèdent pas. Tous travaillent pour payer les intérêts de la rente. Les citoyens pauvres de cet État ne donnent pas leur or à l'étranger, ils le donnent à leurs concitoyens ; ils n'en sont pas moins ruinés.

En France, le service de la dette publique, joint à celui de la dette des départements et des communes, exige à peu près deux milliards. Si l'on admet que le salaire annuel d'un travailleur gagé est de 500 francs, il faut 4,000,000 de ces travailleurs pour produire la somme nécessaire au service de la dette. Les possesseurs des rentes publiques ont chaque année en plus que les autres citoyens le produit du travail de 4,000,000 d'hommes.

Ce déplacement exagéré de la fortune nationale en faveur de ceux qui possèdent encore la plupart des capitaux n'est pas sans danger pour le bonheur du peuple et la paix intérieure de notre pays.

Ce n'est pas seulement parce que l'État ne fait pas valoir les capitaux, ou parce qu'il y a des inconvénients très graves à ce qu'il emprunte qu'il ne doit pas emprunter. Il est de sa nature incapable d'emprunter.

L'État est le serviteur du peuple. Ce qu'il fait pour le service de la nation, il ne le fait pas pour l'avenir, mais pour le présent. Ainsi, quand l'État fait un fort pour la protection du territoire, il ne le fait pas pour protéger le territoire dans dix ans, mais pour le protéger immédiatement. Ce n'est que par accident que ce fort protègera le territoire dans dix ans, car avant que ce laps de temps soit écoulé, il est probable que les changements survenus dans l'art de la guerre l'auront rendu inutile.

Il n'y a guère d'exceptions que pour les routes et les bâtiments communaux. Ceux-ci, quoique faits pour l'utilité présente, servent ordinairement dans l'avenir, mais ils ne servent que par accident.

Si donc le gouvernement ne travaille que pour l'utilité présente, il n'a pas le droit de faire payer cette utilité à l'avenir, ce qu'il fait en pratique quand il emprunte. Il n'en a pas le droit alors même que ces choses serviront dans l'avenir; car on n'a pas le droit d'imposer une dépense à quelqu'un, sous prétexte qu'elle lui sera utile. D'autant plus qu'il est probable que dans l'avenir on n'aurait pas construit les routes ou les bâtiments à l'endroit où ils sont placés.

Colbert disait à Louvois, en parlant de Louis XIV : Si vous connaissiez cet homme, vous ne le pousseriez pas à emprunter. A l'exception du comte de Villèle, tous les ministres do France depuis 89 ont imité Louis XIV, mais seulement à ce point de vue de l'emprunt où ils ont dépassé sans peine le grand roi. Et nous sommes à la veille d'entendre dire, comme il y a cent ans : La banqueroute, la hideuse banqueroute. Quel que soit le qualificatif qu'on lui donne, si les finances de notre pays sont gérées, quelque temps encore, comme elles l'ont été ces dernières années, la banqueroute deviendra inévitable, elle se fera.

Mais si l'Etat ne peut pas emprunter, comment fera-t-il quand il se trouvera dans les circonstances qui de nos jours l'acculent à un emprunt. Par exemple, quand il lui faudra payer une indemnité de guerre?

L'Etat fera comme on faisait autrefois : le vainqueur n'imposait pas une indemnité si forte et le vaincu n'en était pas plus malheureux. D'ailleurs, si l'Etat vaincu ne peut pas trouver à emprunter pour payer l'indemnité de guerre, l'Etat vainqueur ne pourra pas l'imposer. Même à ce point de vue, les rentes sont mauvaises, comme poussant à la guerre. Le gouvernement réfléchirait davantage s'il s'avait que, vainqueur ou vaincu, les dépenses de la guerre qu'il va entreprendre pèseront sur lui.

On dit que si l'État vainqueur ne pouvait pas imposer au vaincu une indemnité de guerre, il lui prendrait un plus grand nombre de provinces.

Cette affirmation suppose que l'État vainqueur ne prend pas toutes les provinces qu'il peut prendre. En théorie, la chose semble possible, elle est même raisonnable ; mais, en pratique, il n'en a jamais été ainsi. Dans les dernières guerres, l'indemnité, parfois très forte, n'a pas permis aux vaincus de conserver un lambeau du territoire convoité par le vainqueur, et parce que la nature humaine ne change pas, on peut affirmer qu'il en sera ainsi dans les guerres futures.

Au point de vue de la raison et du droit, l'indemnité de guerre devrait être payée à celui des deux États qui a été forcé d'augmenter ses dépenses militaires pour sa sauvegarde, c'est le contraire qui a lieu dans le plus grand nombre des cas, de sorte que cette indemnité est imposée par la force, qui est non pas au service du droit, mais contre lui.

Faut-il mettre sur le compte des rentes d'Etat cet agiotage effréné qui est la caractéristique de notre époque? Il semble plus conforme à la vérité de voir la cause de ce mal dans le besoin contemporain de jouir et dans l'ardeur de se procurer l'argent équivalent de la jouissance et contre laquelle il peut être échangé à tout moment.

Que le lecteur écoute les conversations quand il prendra contact avec les hommes, soit dans la rue, soit en chemin de fer, soit en un lieu quelconque.

Il constatera que les gens sérieux parlent argent; que le peuple parle argent; que les femmes, même celles qui paraissent posséder tous les aises de la vie, parlent argent plus souvent que chiffons et que les jeunes gens eux-mêmes, se dépouillant de la générosité et de la poésie de leur âge, parlent presque toujours argent.

Le guerrier antique faisait flèche de tout
bois, notre époque fait argent de tout. De
là l'apparition de valeurs inconnues à nos
pères comme le warrant, le billet à ordre
et en général toutes les valeurs mobilières.

En disant valeurs inconnues, j'emploie
l'expression d'un grand nombre d'écrivains qui traitent des choses de la bourse.
Est-il exact de dire que ces valeurs étaient
inconnues de nos pères? La lettre de
change des Carthaginois, et ce billet que
Raguel donna à Tobie pour le prêt que ce
dernier lui avait consenti, ce que l'Ecriture
rapporte comme une chose d'un usage
commun à cette époque reculée, n'ont-ils
pas quelque analogie avec les valeurs
modernes? Et sont-ils autre chose que des
valeurs mobilières?

Ce qui est nouveau, c'est moins l'existence de ces valeurs que le commerce
effréné qu'elles occasionnent. Encore ce
commerce a-t-il existé autrefois. Les savants
affirment que les boursiers, au siècle
d'Auguste, étaient aussi âpres au gain et
aussi rapaces que ceux de nos jours. Peut-

être Horace fait-il allusion aux brigandages de son époque, quand il se plaint que l'argent prime tout : *Virtus post nummos.* On est quelquefois étonné de lire que les premiers chrétiens donnaient leur fortune aux pauvres immédiatement après leur conversion. Ne serait-ce pas parce qu'à cette époque à l'idée de fortune était étroitement liée celle de vol? L'histoire semble confirmer cette hypothèse, quand elle nous apprend qu'un citoyen fut mis sur une liste de proscription parce qu'il était possesseur d'un bien de campagne que convoitait l'empereur.

Le Christianisme avait fait disparaître l'agiotage; mais à mesure que les mœurs cessent d'être chrétiennes, l'agiotage reparaît.

Le législateur qui ne s'inspire plus du Décalogue et du Droit canon, père de nos vieilles lois françaises, autorise et encourage le vol qui, à la bourse, prend le nom de jeu.

Le jeu de bourse s'étend à toutes les valeurs et à toutes les denrées, même à celles de première nécessité.

Le jeu de bourse, quelques innombrables que soient les combinaisons de la chicane, se réduit à payer une différence entre le cours réel de la valeur et son cours présumé à une date déterminée.

Ainsi, Pierre achète à Paul des rentes 3 %, à 102 fr., livrables le 10 avril.

A cette époque, le 3 % vaut 103 fr. Paul doit à Pierre la différence entre 102 et 103 fr., soit 1 fr. Et il doit cette différence de 1 fr., multipliée par le nombre de titres que Pierre lui a achetés.

Si la rente, au lieu de valoir 103 fr , n'en avait valu que 101, c'est Pierre qui aurait dû donner à Paul la somme qu'il en recevra.

Cette opération se fait sur un très grand nombre de titres, ce qui, même pour un écart de cinq centimes dans le prix de la rente, occasionne des pertes ou des gains considérables.

Dans le cours normal des choses, cette opération de bourse vaudrait, au point de vue moral, ce que valent tous les jeux. Mais il y a des financiers qui, à l'aide d'énormes capitaux dont ils disposent, pèsent

sur les cours, et, selon qu'ils ont pris position à la hausse ou la baisse, font l'une ou
l'autre; de sorte, qu'en pratique, ces financiers volent ceux qui jouent avec eux.

Il faut des événements très graves et
tout à fait imprévus, comme il s'en produit pendant une guerre ou pendant les
révolutions, pour que les cours échappent
à l'influence de ces financiers. Il y en a
même parmi eux qui savent profiter de
ces fléaux. Pendant la guerre de Crimée,
Rotschild, personne ne l'ignore, recevait
les dépêches venues de l'armée, les arrê-
tait un jour avant de les rendre publiques,
et prenait, la veille pour le lendemain,
position à la haussé ou à la baisse, selon
que les dépêches devaient causer l'une ou
l'autre.

Ainsi, les financiers, les ministres des
divers Etats jouent à la bourse et s'enri-
chissent en faisant la hausse. Il sera démontré combien cette hausse, en diminuant le
taux de l'intérêt, est préjudiciable à la
nation.

Il n'est pas impossible que cette diminution de l'intérêt soit une des causes de cette fièvre du jeu si répandue de nos jours.

Les petits et les humbles ont à se préoccuper de l'avenir; capitalisée au taux actuel, leur petite fortune ne pourra pas suffire à leurs besoins quand la vieillesse sera venue. Ils essaient du jeu qu'ils ne connaissent que par ce qu'il a de tentateur. En matière de bourse, tout leur savoir leur vient des prospectus des maisons de banque. Or, ces prospectus peuvent tous se résumer à ceci : « .Voulez-vous être riche ? Si vous le voulez, vous n'atteindrez à la fortune, ni par le travail, ni par l'ordre, ni par l'économie, vous n'y atteindrez qu'en faisant valoir vos capitaux en des opérations de bourse. Envoyez-moi votre argent et je vous servirai 3, 4, 5 et même plus pour cent et par mois ».

On se laisse tenter, on envoie ses économies, et les quelques sous du pauvre s'engouffrent dans les caisses de la haute banque. Ainsi, le jeu de bourse ruine sûrement et nécessairement ceux qui le pratiquent, à l'exception de quelques financiers qu'il enrichit.

Le législateur est impuissant à empêcher les jeux de bourse; il est douteux d'ailleurs qu'il les empêchât, s'il le pouvait. Il n'y a pas en France de loi plus souvent violée que celle qui défend les accaparements. Personne jusqu'à ce jour n'a poursuivi ni ne poursuit les accapareurs. Le temps et l'expérience peuvent seuls apprendre aux petites fortunes à éviter le coffre-fort de la haute banque.

On appelle Banque une institution qui a pour but de fournir des capitaux au commerce, à l'industrie, à l'agriculture, et de faire toutes les opérations qui se rattachent à ce qui est appelé improprement peut-être le commerce de l'argent.

Il ne manque pas de gens qui admettent que la banque vienne en aide à l'agriculture au moyen du Crédit agricole. Ils se plaignent de ce que ce crédit est trop restreint. Cependant on ne saurait se lasser de le redire : Tout propriétaire qui emprunte se ruine.

A la vérité, on suppose que le prêt agricole met en rapport des terres qui étaient incultes ou augmente les récoltes de celles déjà cultivées. Pour constater combien cette supposition est erronée, il suffit de parcourir les livres du Crédit foncier de France et de voir le nombre considérable d'expropriations qu'il est obligé de faire subir aux emprunteurs.

Ainsi, l'expérience aussi bien que le raisonnement démontrent que le Crédit agricole est non seulement inutile, mais encore nuisible. Cependant on donne des raisons spécieuses pour démontrer l'utilité de ce crédit; on dit, par exemple :

Supposez qu'une vache meure dans une métairie; si le propriétaire ne peut pas la remplacer, sa culture en souffrira et sa récolte en sera de beaucoup diminuée, tandis que s'il trouve à emprunter il pourra remplacer sa bête, donner à ses terres les mêmes soins et avoir un rapport qui sera de beaucoup supérieur à l'intérêt de l'argent emprunté. Dans ce cas, le Crédit agricole est une bonne chose.

Ce raisonnement est exact; seulement il a pour base une hypothèse impossible. A côté des bêtes de labour, il y a dans les métairies des bêtes dites de croît, c'est-à-dire des bêtes jeunes que le métayer nourrit pour les vendre à un certain âge. Le métayer vend chaque année une partie de ces bêtes de croît et le bénéfice qu'il retire de cette vente est appelé : Profit des bestiaux.

Or, ce profit est toujours supérieur à la somme représentée par une bête qui meurt accidentellement. Il est vrai qu'on peut faire l'hypothèse qu'il n'y a pas dans la métairie des bêtes de croît : malheureusement cette hypothèse n'est pas toujours chimérique ; mais le métayer qui n'a plus ces bêtes a déjà descendu la pente de la ruine, et il est arrivé à ce détour où la différence de la valeur d'une bête pas plus que quelques milliers de francs ne lui éviteront l'expropriation.

Un agriculteur qui a ses affaires en ordre trouvera toujours à emprunter chez ses voisins et souvent sans intérêt la somme dont il a besoin pour une nécessité quelconque. Ce n'est pas d'ailleurs dans le cas où il sera obligé de payer intérêt pour quelques francs de moins qu'il s'adressera à une institution de crédit. Les opérations préliminaires lui coûteraient la somme qu'il paiera en plus pour l'intérêt, et l'on ne saura pas qu'il a emprunté une chose à laquelle l'agriculteur tient bien plus qu'on ne saurait le croire.

Les banques proprement dites, et dont les seules opérations consistent à aider le commerce et l'industrie, sont très utiles; il suffit d'ouvrir le premier livre venu, qui traite spécialement de ces banques, pour en être convaincu.

On ne peut pas dire la même chose des banques d'émission.

On appelle banques d'émission les banques qui ajoutent à leur commerce ordinaire celui d'introduire sur le marché des valeurs nouvelles.

Quand un industriel veut fonder ou acquérir une usine, il a ordinairement besoin de faire appel aux capitaux. Pour cela, il s'adresse à une banque d'émission. Celle-ci prend les titres, les échange contre de

l'argent, avec lequel on bâtit l'usine et on
la fait marcher. Si l'usine prospère, les
capitaux sont bien placés. Si l'usine ne fait
pas ses frais, les capitaux sont mal placés,
ils ne raportent rien et finiront par disparaitre.

Au lieu d'une usine, ce peut être des
mines à exploiter, des maisons à bâtir, des
navires à construire, etc., qui recourront à
la banque d'émission pour avoir des capitaux.

Or, il peut se faire que les capitaux appelés par la banque d'émission soient destinés
à une usine qui n'existe pas, à une mine
qui n'a pas de minerai, etc. Cela importe
peu aux directeurs de la banque, que le
public appelle lanceurs d'affaires. Ceux-ci
font vendre, par une dizaine de courtiers et
acheter par une trentaine, les actions qui
n'ont aucune valeur. Ils font ainsi une
hausse fictive. Et quand ces actions, qui
pendant ces opérations préliminaires sont
toutes demeurées dans leur portefeuille,
ont acquis une plus-value considérable, ils
les lancent dans le public.

Les prospectus pleuvent jusque dans les plus petits hameaux, vantent ces actions destinées à un grand rapport et appelées à doubler leur valeur en peu de jours. Pendant que le public achète ces valeurs, la banque en soutient et fait monter le cours. Quand elle a écoulé toutes celles qui sont dans son portefeuille, elle ne s'en préoccupe plus. Quelques semaines après, les actions ne valent plus que quelques francs, ou moins encore.

Quand la banque a ainsi ruiné les pauvres et les déshérités, car c'est à eux surtout que ces actions sont vendues, la justice a l'air de se préoccuper de l'affaire ; mais ce n'est que pour les très grands scandales qu'elle découvre ou punit un ou deux coupables. Les peines prononcées contre eux ne sont pas sévères en proportion de leur faute. On est moins puni pour avoir pris les millions des travailleurs de France que pour avoir dérobé une branche de seringa dans un parc des environs de Paris.

Ce qui fait que la justice ne poursuit pas ordinairement les coupables, c'est qu'il y

a une apparence de vérité dans les prospectus. Il n'y a mensonge que sur l'appréciation de l'entreprise ; j'ai sous la plume le
nom d'un placer qui devait être exploité
en Italie. Ce placer contenait, au dire du
prospectus, 30 ou 32 onces d'or par tonne
de minerai, tandis qu'en réalité il aurait
fallu tout le minerai du placer pour obtenir
ces quelques onces de métal. L'action de
ce placer s'est maintenue pendant deux ou
trois ans ; elle n'a plus aujourd'hui aucune
valeur. Le lanceur d'affaires qui a escroqué
le public à l'aide de ce placer n'a pas
été inquiété.

Quand l'escroquerie est de celles qui
conduiraient sûrement son auteur sous les
verrous, on fonde une Société étrangère,
ordinairement anglaise. Comme la justice
de France n'a pas à juger les escroqueries
commises par les Sociétés qui ont leur
siège à Londres, le lanceur d'affaires n'est
pas inquiété dans notre pays ; et comme,
d'un autre côté, la justice anglaise n'a qu'à
se préoccuper des intérêts de ses nationaux
et que les actions de la Société n'ont été

vendues qu'en France, le coupable n'est pas non plus poursuivi en Angleterre.

Un pays qui laisse.de la sorte voler régulièrement le grand nombre de ses citoyens, ceux surtout à qui l'Etat doit une protection spéciale à cause de leur faiblesse, est coupable devant Dieu et mérite d'être châtié.

Il ne serait pas difficile d'empêcher le lanceur d'affaires de voler ainsi le public. Il n'y aurait qu'à rendre responsables du vol et de la fraude : l'industriel qui a fait l'entreprise, le lanceur d'affaires; le conseil d'administration, le directeur et l'administrateur de la banque d'émission et de l'entreprise frauduleuse. La responsabilité devrait entraîner la perte des biens et la prison perpétuelle. La Société française ne pourrait pas ainsi voler impunément le public. Quant aux Sociétés étrangères, il n'y aurait qu'à exiger la responsabilité et sous les mêmes peines des principaux agents français.

Tant qu'il n'en sera pas ainsi, j'indique un moyen de connaitre *a priori* si une action est bonne ou mauvaise : Toutes les fois que les prospectus sont envoyés spécialement aux curés et aux instituteurs ou bien aux uns et aux autres de ces citoyens, l'entreprise est presque toujours une escroquerie. Il n'est pas nécessaire de rechercher les causes (elles sont nombreuses) de ce fait; il est d'expérience.

En outre, presque toutes les fois qu'on offre les obligations d'une entreprise, elle est bonne; elle est au contraire mauvaise, si on en offre les actions. Le motif en est que quand une entreprise doit rapporter, les actions, qui représentent la plus-value du rapport, demeurent dans les mains du capitaliste; et que les obligations, qui ne représentent qu'un intérêt identique, quel que soit le succès de l'entreprise, sont passées au peuple.

Il vient naturellement à l'esprit de se demander s'il est juste qu'une entreprise soit exploitée par des actions et des obligations, ou bien par des actions seulement.

Les actions représentent la propriété de l'entreprise, et les obligations le prêt fait à cette entreprise.

Au point de vue de la stricte justice, il ne paraît pas qu'il y ait faute à ce qu'une entreprise soit exploitée à la fois par des actions et par des obligations. Au premier abord, il semble que les actionnaires sont les aventureux, et les obligataires les gens sensés, qui veulent tirer un revenu de leur argent, revenu moindre mais sûr.

Cependant, en général, ce sont les actionnaires qui prennent la grosse part des revenus et les obligataires qui fournissent la grande partie des capitaux nécessaires à l'exploitation. D'ailleurs, quand une Société se fonde par actions et par obligations pour une exploitation quelquonque, elle rapportera presque toujours de gros dividendes aux actionnaires, tandis que les obligataires n'auront que l'intérêt convenu. Quelquefois, l'entreprise ne rapporte rien ou presque rien ; dans ce cas, les obligations pas plus que les actions n'auront aucun revenu. Pour être complet, il faut ajouter que quand les actions sont d'une entreprise appelée à réussir, elles demeurent entre les mains de quelques privilégiés très riches et sont introuvables sur le marché.

L'argent des obligations concourt à la réussite de l'entreprise de la même manière que celui des actions, et de fait produit la même somme par cent francs.

L'action, il est vrai, court un aléa et peut ne rien rapporter ; mais en pratique elle rapporte toujours plus que l'obligation.

Les petites bourses qui ne peuvent pas juger de la valeur des actions sont presque toujours forcées de prendre des obligations. A ce motif il s'en ajoute quelquefois un autre : c'est le prix élevé de l'action.

S'il n'est pas absolument contre la justice qu'il y ait des Sociétés par actions et par obligations, l'État, protecteur des droits et de la fortune des petits, devrait-il permettre ce genre d'exploitation où l'argent du pauvre produit pour le riche ?

A la vérité, il existe des entreprises qui n'ont que des actions ; ce sont presque toujours les mines d'or. Mais ces entreprises sont en général improductives. Toutes ou presque toutes sont du genre de ces valeurs qui constituent une escroquerie, il en a été parlé plus haut. On peut émettre en principe que toutes les fois que les gros capitalistes flairent une entreprise qui doit rapporter, ils la montent par actions, qu'ils gardent, et par obligations qu'ils servent au peuple.

Les valeurs à lots sont une chose tout à fait moderne et qui semble appartenir en propre à notre temps.

Ces valeurs constituent une véritable loterie. Sous l'ancien régime, les ennemis du pouvoir établi écrivirent tout ce qui peut être dit contre la loterie. Les hommes qui gouvernent aujourd'hui, héritiers des doctrines de ceux qui n'admettaient pas la loterie, l'acceptent et la pratiquent.

Qui voulait le bien du peuple? Les ancêtres adversaires de la loterie, ou les modernes partisans de cette chose?

Quoiqu'il en soit, les valeurs à lots, les jeux de bourse, et en général toutes les opérations qui ne constituent pas un travail utile à la société, ont le grave défaut de faire perdre au peuple la véritable notion

de la fortune. La fortune ou l'argent n'est
que le travail actualisé. C'est fausser cette
notion que de faire entrevoir la fortune à
la suite d'un numéro gagnant ou d'un jeu
de bourse.

Or, fausser la notion de la fortune et ne
plus la considérer comme l'équivalent du
travail est une chose très grave, parce que
c'est tarir la source de la production et
ouvrir la porte à tous les genres de vol,
puisque la finesse, l'astuce et l'escroquerie
sont considérées comme sources légitimes
de la fortune.

Il a été dit, en parlant des jeux de bourse,
qu'une des causes de ces jeux c'est peut-
être la baisse de l'intérêt. Avant de terminer ce chapitre, il faut rechercher les causes
de la baisse du loyer de l'argent et étudier
si cette baisse est profitable ou nuisible à
la nation.

On dit communément que l'abondance
des capitaux a fait baisser le loyer de l'argent. Cette affirmation est inexacte. Malgré
la loi, qui abaisse à 4 % le taux de l'intérêt,
il est encore aujourd'hui très difficile à la

campagne d'emprunter à ce taux. Le propriétaire qui emprunte paie encore cinq ou six pour cent. A la vérité il pourrait emprunter à plus bas intérêt au Crédit foncier, mais les opérations préliminaires du prêt sont si onéreuses, qu'en pratique, pour une petite somme, il vaut mieux emprunter ailleurs qu'à cette institution de crédit.

Il n'y a donc pas abondance de capitaux pour les particuliers. Mais on trouve cette abondance pour les prêts consentis aux États, aux départements et aux communes. Pour ces derniers emprunts, il faut souvent se défier des apparences. On les dit couverts jusqu'à trente fois et au delà, alors même qu'ils ne le sont pas une. Il y a des banques qui couvrent ces emprunts deux ou trois fois, sans avoir à transmettre que très peu de demandes. Elles mettent en portefeuille les titres qui leur reviennent sur la totalité de ceux qui ont été émis, et les revendent après avoir fait la hausse sur la valeur.

Il n'y a pas abondance de capitaux pour l'industrie. Il n'est pas rare de voir une usine péricliter et disparaitre à cause du manque de capitaux.

Le midi de la France en particulier ne possède presque pas d'usines par actions.

Les grandes exploitations industrielles appartiennent ordinairement à un individu ou à une seule famille. Les services des grandes villes et ceux des canaux agricoles sont souvent dans le même cas. Quand ils y échappent, c'est pour appartenir aux Compagnies venues du nord, ou pour être entre les mains d'un petit nombre de méridionaux. Si un industriel de ces contrées veut utiliser une de ces innombrables forces que les coûrs d'eau mettent à sa diposition, il faut qu'il soit assez riche pour le faire sans emprunter, autrement il échouera faute de capitaux.

D'ailleurs, chaque citoyen constate avec peine que ses revenus sont moindres que ceux d'autrefois. Or, si l'intérêt diminuait à cause de l'abondance des capitaux, il y aurait proportion entre l'abondance de ceux-ci et la diminution de ceux-là, de sorte que les citoyens, voyant en même temps augmenter leurs capitaux et diminuer le taux de l'intérêt, auraient toujours les mêmes revenus.

Il y a bien en France quatre ou cinq familles qui possèdent un grand nombre de capitaux, volés il est vrai pour la plupart. Cela fait que les revenus de quelques autres citoyens ont non pas diminué mais disparu. En tenant compte de la baisse du loyer de l'argent pour que ces familles eussent à leur disposition les revenus perdus par les autres citoyens, il faudrait qu'elles eussent les trois quarts des revenus de la nation; nous n'en sommes pas, encore là.

Quoiqu'il y ait beaucoup plus de capitaux qu'autrefois, il n'y en a pas abondance, car celle-ci se mesure non pas à leur augmentation mais aux besoins de l'industrie et du commerce. Si les capitaux ne peuvent pas satisfaire à ces besoins, il n'y a pas abondance, en quelque quantité qu'on les suppose. Si, au contraire, ils peuvent satisfaire à ces besoins et qu'une partie demeure sans emploi, il y a abondance, quelque peu nombreux qu'ils puissent être.

Il y aurait abondance de capitaux que cette abondance ne serait pas, au point de vue de la raison, la cause de la baisse de l'intérêt. Au point de vue du taux du loyer de l'argent, le mot capital ne signifie pas l'exploitation qui produit, mais le numéraire. Or, s'il y avait abondance de numéraire à l'usage du prêt, il y en aurait aussi à l'usage de l'intérêt, et celui-ci au lieu de diminuer devrait logiquement augmenter, et cela en proportion même de son abondance.

Il existe une école d'économistes qui considère la baisse du loyer de l'argent comme un progrès. Il y a dans cette école des convaincus et des gens qui ont intérêt à accréditer cette croyance. Les convaincus en parlent en théorie; ceux qui ont intérêt à accréditer cette croyance manipulent l'argent et brassent les affaires.

Au premier rang parmi ces derniers, il faut placer les juifs, les judaïsants et leurs satellites; la raison en est que la baisse de l'intérêt décourage l'épargne et pousse aux jeux de bourse. Or, les capitalistes ont intérêt à cet état de choses; par le jeu de bourse, ils ruinent le pauvre qui s'y livre; en décourageant l'épargne ils se préparent à posséder exclusivement les capitaux.

Au second rang viennent les ministres de presque tous les États du globe. Ces hommes, qui ne sont la plupart du temps que les humbles serviteurs de la haute banque, ont en mains les fonds de roulement de l'État et ceux des caisses d'épargne; ils s'en servent pour jouer à la hausse, et comme ils peuvent la soutenir par les fonds dont ils disposent, les valeurs montent sans cesse et par conséquence l'intérêt diminue.

On distingue à la bourse honnête deux sortes de valeurs : les valeurs sûres, ce sont celles qui n'ont pas de chance de pouvoir être perdues, et les valeurs hasardées, ce sont celles qui ont plus ou moins de chances de pouvoir être perdues.

Les valeurs sûres sont appelées : valeurs de tout repos. On place au premier rang, parmi elles, les rentes d'Etat. C'est une aberration, mais c'est ainsi. On est venu à considérer le taux des rentes d'Etat comme l'étalon du taux des valeurs de tout repos. La baisse de l'intérêt des rentes d'Etat entraîne la baisse de l'intérêt des valeurs de tout repos, par conséquent la baisse de l'intérêt lui-même, puisque les valeurs aléatoires ne sont que l'exception et que leur intérêt se calcule en raison inverse des chances de l'entreprise.

On ne peut pas assigner d'autre cause à la baisse du loyer de l'argent.

Cette baisse est-elle un bien ou un mal ?

Elle est un bien, disent les uns, parce que l'industrie peut emprunter à meilleur marché, et que si l'industrie paie 4 % au lieu de 6, elle pourra hausser le salaire des ouvriers.

De plus un grand nombre d'entreprises agricoles, industrielles et commerciales qui étaient irréalisables, le deviennent avec la baisse du loyer de l'argent.

Enfin, le petit cultivateur pourra plus facilement emprunter pour agrandir son humble domaine, puisqu'il ne paiera qu'un très petit intérêt pour cent.

Au point de vue social, la baisse de l'intérêt est donc une très bonne chose, disent-ils.

Cependant les raisons que donnent les tenants de cette opinion sont erronées.

Si l'industrie, disent-ils, ne paie que 4 au lieu de 6 %, le salaire des ouvriers pourra être plus élevé.

Il le pourra, la chose est hors de doute, mais le sera-t-il? En pratique, jusqu'à ce jour, il ne l'a pas été. Il y a des mines de houille qui rapportent beaucoup à leurs actionnaires, d'autres qui rapportent très peu, d'autres enfin qui ne rapportent rien. Les actionnaires des mines qui rapportent beaucoup ne paient pas sensiblement plus cher leurs ouvriers que ceux des usines qui rapportent peu, ou même qui ne rapportent rien.

Il est bon de remarquer que si les actionnaires des mines riches ne font aucun sacrifice pour leurs ouvriers, les ouvriers des mines pauvres ne font aucun sacrifice pour leurs actionnaires.

Dans les conditions économiques actuelles, au lieu de donner aux ouvriers les deux pour cent épargnés sur le prêt, les actionnaires s'en serviraient pour baisser le prix des marchandises et faire concurrence aux producteurs du même objet.

Toutefois, étant donné que l'ouvrier profiterait de cette baisse de l'intérêt, son salaire n'en serait presque pas augmenté.

En moyenne, une usine qui vaut 200.000 fr. occupe cent ouvriers. Si les capitaux qu'elle représente, au lieu de rapporter 10.000 francs n'en rapportaient que 6.000, chaque ouvrier aurait son salaire augmenté de 13 ou 14 centimes par jour, à condition que les salaires des contre-maîtres, des directeurs et des administrateurs ne bénéficieraient pas de cette baisse de l'intérêt. S'ils en bénéficiaient, le salaire de l'ouvrier serait augmenté de 7 à 8 centimes par jour. Voilà l'avantage de la baisse de l'intérêt, et il est le seul.

. L'industrie ne se développerait pas davantage si l'on pouvait emprunter à meilleur marché, car le rapport des entreprises à faire demeurerait au dessous des existantes dans la même proportion qu'aujourd'hui ; les ouvriers gagneraient moins et refuseraient de travailler à ces entreprises faute d'un salaire suffisant. Il n'y aurait d'exception que pour les industries qui demandent peu d'ouvriers relativement aux capitaux dont elle sont besoin, comme sont, par exemple, les chemins de fer. Or, ceux qui restent encore à construire, en France, n'ont aucune influence sur le bien général de la nation. Il en est de même de tous les pays, car les grandes lignes, les seules qui soient vraiment utiles, font toujours leurs frais.

Le petit cultivateur ne bénéficiera de la baisse de l'intérêt que s'il cultive lui même ses champs. S'il est obligé d'avoir un aide, c'est le salaire de celui-ci qui, par hypothèse, doit bénéficier de la baisse de l'intérêt.

La baisse de l'intérêt aurait donc pour résultat : 1° que le salaire de l'ouvrier augmenterait de 7 à 14 centimes par jour selon les circonstances ; 2° que le petit

propriétaire pourrait plus facilement agrandir son bien, mais en demeurant dans les
limites de la médiocrité; s'il la dépassait,
la baisse de l'intérêt ne lui profiterait plus.

Comme on vient de le voir, les résultats
de la baisse de l'intérêt ne sont pas très
appréciables. Cependant, il serait à souhaiter que cette baisse s'accentuât encore, s'il
n'y avait pas d'inconvénients. Malheureusement, il y en a, et ils sont si graves qu'en
leur comparaison les avantages ne sont
presque rien.

La baisse de l'intérêt : 1° Gêne les institutions basées sur la capitalisation. Elles ne
peuvent plus, après un certain temps, satisfaire aux intentions des donateurs. Cependant, il ne faut pas se préocuper outre
mesure de la baisse de l'intérêt à ce point
de vue. Il est de l'essence des choses de ce
monde de n'être pas éternelles. Il ne faut
pas s'étonner que les institutions basées
sur la capitalisation voient diminuer leurs
revenus ou même périssent. S'il n'en était
pas ainsi, les citoyens de l'avenir pourraient n'avoir pas à remplir certaines obli-

gations indispensables à leur perfectionne-moral et à leur salut ; par exemple, l'au-mône.

Il est à souhaiter qu'en France la baisse de l'intérêt ne nuise pas au moins encore aux institutions basées sur la capitalisation ; ces institutions furent violemment détruites il y a cent ans. Celles qui existent de nos jours n'ont pas cette accumulation de biens plusieurs fois séculaire que la Providence semble demander pour en autoriser la disparition ;

2° Pousse aux jeux de bourse les citoyens qui, voyant diminuer leurs revenus, essayent de les augmenter par des moyens qui conduisent, comme il vient de l'être démontré, aux plus funestes résultats ;

3° Décourage l'épargne. L'augmentation du salaire ne compenserait pas la baisse de l'intérêt pour l'ouvrier au point de vue de la capitalisation. En admettant que l'ouvrier qui a des charges ordinaires put épargner 200 francs par an, quand le taux de l'intérêt était à cinq ; il peut, maintenant qu'il est à trois, épargner ce que cette

baisse lui procure, soit au maximun 40 francs
par an. Il pourra donc mettre de côté, l'intérêt étant à trois pour cent, 200 + 40, soit
240 francs par an.

200 francs à 5 % rapportent 10 francs et
240 francs à 3 % rapportent 7 fr. 20, ce qui
fait, pour quarante ans de travail : dans le
premier cas, 400 francs de revenus, et dans
le second, 288 francs.

Donc la veillesse venue l'ouvrier qui
aurait 400 francs de revenus, si le taux était
à 5 %, n'en aura pas tout à fait 300 avec le
taux actuel. La baisse du taux de l'intérêt
est donc un mal pour lui ; puisque, dans
l'hyothèse présente, il n'a pas dépensé
davantage pendant ses années de labeur, et
qu'il a moins de revenus quand il ne peut
plus travailler.

A la vérité nous n'en sommes plus au
3 % pour bien des valeurs, nous sommes au
2 1/2. Les financiers se félicitent en voyant
arriver le 2 % et bientôt, si le mouvement,
ne s'arrête pas, nous serons à 1 % et même
à 1/2 %.

Il ne vaudra plus la peine d'économiser

à ces derniers taux, et la fortune deviendra l'apanage de quelques financiers qui possèderont des masses énormes de capitaux, ce qui leur permettra d'avoir encore d'immenses revenus. La richesse sera entre les mains d'un très petit nombre de familles qui ne pourront pas la perdre. Personne ne pourra plus devenir riche. Les classes aisées, qui sont les intermédiaires entre les puissants et les pauvres, auront disparu. Il n'y aura plus que le luxe extrême et la misère extrême. C'est-à-dire qu'il n'y aura plus en présence que deux facteurs de guerre civile sans qu'il existe aucun intermédiaire pour empêcher la lutte, ou seulement amortir les chocs.

Il y a quelques années, une revue juive, uniquement destinée aux hommes de cette race, se réjouissait de l'abondance des capitaux juifs. Elle affirmait qu'il ne fallait pas chercher dans un autre monde, ni expliquer par un autre genre de puissance, le royaume universel promis aux juifs par Jéhova. Le juif a fait que l'or est devenu le levier unique et ce levier est entre ses mains. La prophétie qui lui promet l'empire de l'univers est donc entièrement accomplie de nos jours.

Si l'or juif avait été amassé légitimement, le problème de la dispersion de cet or serait le plus redoutable de ceux que l'humanité ait jamais eu à résoudre, pour le bien temporel de la société. Il devrait préoccuper les hommes d'Etat, les moralistes, ceux qui ont souci de la chose publique, aussi bien que ceux qui ne se préoccupent que des intérêts de l'individu ; car cette dispersion est nécessaire. Le bien public, la dignité des peuples, la liberté des citoyens et des nations la demandent impérieusement.

L'or n'est pas un élément de puissance dans le sens que ce mot revêt quand il est appliqué à l'Etat. (Car puissance veut dire alors le pouvoir qui protège les citoyens dans l'exercice de leurs droits ou l'accomplissement de leurs devoirs.) Il est un élément de domination. Mais, au point de vue naturel, les individus et les peuples ont le droit de secouer à tout instant le joug de la domination, qui ne peut être imposé et maintenu que par la force.

Il serait donc nécessaire de disperser l'or qui, ne servant plus à ses fonctions, serait cause de domination. Mais s'il avait été acquis légitimement, quels moyens prendre pour obtenir ce résultat sans léser le droit de propriété? Et si ce droit était lésé une fois pour ce motif très grave, qui oserait affirmer qu'il ne le serait pas dans la suite pour un motif futile?

Heureusement l'or juif n'est pas amassé légitimement; il est, au contraire, le fruit du vol, de la rapine, du dol, et de toute espèce de tromperie. Il y a, gravé sur cet or en cáractères ineffaçables, les peines, les privations, les soucis, les souffrances, les larmes, et le sang de ceux qui périrent de désespoir ou par le suicide quand cet or leur fut volé. Si on remue cet or dans les caves du juif, en même temps qu'il rend un son métallique agréable, le seul qu'entende peut être celui qui le touche; il est l'écho des gémissements et des cris de douleur que poussèrent ses légitimes propriétaires

quand ils en furent dépouillés. Cet écho
passe à travers le palais fastueux du juif
pour arriver jusqu'au trone de la divinité,
dont la justice ordonnera, demain peut-être,
la dispersion de l'or maudit.

Ainsi le juif a travaillé pour la diminution de l'intérêt dans le but de dominer sur
toutes les nations. Dans peu de temps, il
aura atteint le but qu'il s'était proposé,
du moins, il le croit et il l'espère. Mais les
peuples commencent a trouver que la domination juive est un joug beaucoup trop
pesant. Qui osera les blâmer de vouloir en
décharger leurs épaules?

CHAPITRE XIV

Métallisme monétaire.

Un pays est monométalliste quand il ne monnaye qu'un seul métal, que ce soit le métal or ou le métal argent.

Un pays est bi-métalliste quand il monnaye deux métaux, l'or et l'argent.

Pour qu'un pays soit bi-métalliste il faut :

1° Que la frappe des deux métaux or et argent y soit libre, c'est-à-dire qu'il faut que toute personne ait le droit d'envoyer à l'hôtel des monnaies une quantité quelconque d'or ou d'argent, et de recevoir en échange la même quantité d'or ou d'argent monnayé moins le prix de la frappe ;

2° Que toute dette en ce pays soit payable indifféremment en or ou en argent ;

3° Que le rapport de la monnaie or à la monnaie argent y soit constant, par exemple qu'un kilo d'or vaille invariablement quinze kilos et demi d'argent.

Si l'une de ces conditions fait défaut, le pays n'est pas bi-métalliste, mais mono-métalliste. Ainsi, depuis 1873, la frappe libre de l'argent a été suspendue en France. Quoique ce pays ait retenu l'usage de l'argent pour sa monnaie, et que les dettes y soient payables indifféremment en or ou en argent (en pièces de cinq francs, la loi ne permet l'usage des pièces d'argent divisionnaires que jusqu'à concurrence de cinquante francs), il est mono-métalliste.

Les choses étant ainsi, est-il plus avantageux pour une nation d'être monométalliste ou bi-métalliste.

Si toutes les nations étaient bi-métallistes et que chez chacune d'elles le rapport de l'or et de l'argent fut le même ; et qu'un kilo d'or valut partout par exemple quinze kilos et demi d'argent, le bi-métallisme n'aurait aucun inconvénient, aurait-il des avantages ? Ce n'est pas probable, car l'abondance de la monnaie diminue sa valeur relativement aux objets contre lesquels elle est échangée.

Mais si une ou plusieurs nations étaient bi-métallistes et que d'autres ne le fussent pas, les nations bi-métallistes perdraient toutes les fois que le rapport entre les deux métaux monnayés établis par la loi et celui du commerce ne seraient pas les mêmes.

La France a été dans le cas d'une nation bi-métalliste qui perd au profit des nations monométallistes.

La France, avant 1873, était bi-métalliste, l'Angleterre était et est encore monométalliste or, et l'Inde était monométalliste argent. En France, 1 kilo d'or valait 15 k. 1/2 d'argent. Il n'était pas rare qu'en Angleterre 1 kilo d'or valut 16 kilos d'argent.

Or, quand un indien achetait à un anglais, comme il n'y avait pas pratiquement d'or aux Indes, et qu'il était obligé de payer en or, il envoyait 15 k. 1/2 d'argent en France, y prenait 1 kilo d'or et le faisait parvenir en Angleterre.

Résultat : perte pour la France de 31 gr. d'or à peu près.

Quand au contraire c'était un anglais qui

achetait à un indien, il envoyait directement 16 kilos d'argent aux Indes, de sorte
que la perte subie par la France dans les
transactions de pays à monnaie d'argent
avec les pays à monnaie d'or, n'était pas
compensée par un gain dans les transactions des pays à monnaie d'or avec les
pays à monnaie d'argent.

Ainsi, grâce au bi-métallisme, la France
perdait chaque année un certain nombre
de kilos d'or, au profit des nations monométallistes, et cela sans aucune espèce de
compensation.

De sorte que l'or devint rare en France.
On s'aperçut, à l'Hôtel des monnaies, que
l'équilibre était rompu entre la frappe de
l'or et celle de l'argent au bénéfice de ce
dernier. Par suite, on constata que la circu-
lation or diminuait et que celle argent aug-
mentait. La Banque de France vit augmenter son encaisse métallique argent et diminuer son encaisse métallique or. Tant et si
bien, que l'on pût prévoir le jour où, grâce
au bi-métallisme, la France n'aurait plus
qu'une seule monnaie : l'argent.

Ainsi l'expérience prouve, contre ceux des bi-métallistes qui affirment le contraire, que si toutes les nations ne sont pas bi-métallistes, le bi-métallisme de quelques-unes est impuissant à maintenir stable et invariable le rapport entre les deux métaux monnayés. Bien plus, alors même que la constance et l'invariabilité de ce rapport serait dans la logique des choses, les banquiers qui auraient intérêt à sa variation et à son inconstance à cause de leurs bénéfices du change, agiraient de manière à le faire varier et y réussiraient infailliblement.

Un certain nombre de bi-métallistes affirment que, alors même que nous n'aurions plus qu'une seule monnaie et que cette monnaie serait métal argent, cela n'aurait aucun inconvénient car :

1° Ou bien les étrangers accepteraient le rapport fixé par notre loi entre la monnaie d'or et la monnaie d'argent et dans ce cas les affaires se feraient comme à l'ordinaire;

2° Ou bien les étrangers n'accepteraient pas le rapport fixé par notre loi entre la

monnaie d'or et la monnaie d'argent, et,
dans ce cas, nous ne ferions avec eux
aucune affaire ; et comme ils seraient forcés
de vendre et d'acheter, ils seraient forcés
par là même d'accepter le rapport établi
par notre loi entre les deux métaux monnayés.

Dans la réponse que les bi-métallistes
font à la seconde hypothèse il y a quelques
erreurs. Signalons :

1° Celle qui consiste à croire qu'on
pourra imposer à l'étranger d'accepter le
rapport établi par la loi du pays bi-métalliste entre la valeur des deux métaux monnayés. Car, si le bi-métallisme est impuissant à maintenir stable ce rapport quand il
a à sa dispositon l'un et l'autre de ces
métaux, à plus forte raison sera-t-il impuissant quand il ne pourra disposer que de
l'un d'entr'eux ;

2° Celle qui consiste à affirmer que
l'acheteur peut toujours imposer ses prix
au vendeur. La vente est un contrat et
comme tel dépend de la volonté de chacun
des contractants et d'une foule d'autres cir-

constances indépendantes de cette volonté et qui la dominent ordinairement. Ainsi, dans la question présente, l'industrie française, si elle veut vivre et prospérer, sera toujours obligée de faire venir l'étain des Cornouailles et de le payer en or ou en son équivalent en argent, d'après le rapport établi en Ecosse. De même pour le nickel du Canada, les charbons anglais, les cotons des Indes ou des Amériques, etc.

Les bi-métallistes disent encore que l'or a été apprécié.

On appelle appréciation de l'or sa plus-value ou son enchérissement. Il est clair qu'une pièce d'or du même poids et du même titre, comparée à une quantité d'or déterminée, ne vaut ni plus ni moins aujourd'hui qu'il y a vingt ans. L'or comparé à lui-même n'est capable ni d'appréciation ni de dépréciation. Mais avec cette pièce d'or considérée comme moyen d'échange peut-on se procurer plus ou moins de marchandises qu'il y a vingt ans? Et si l'on peut s'en procurer davantage est-ce parce que les marchandises ont diminué de valeur ou parce que l'or a vu augmenter la sienne ?

Il est hors de doute qu'avec une pièce de vingt francs on peut aujourd'hui se procurer une plus grande quantité de marchandises, toutes choses égales d'ailleurs et dans la plupart des cas, qu'il y a vingt ans. Les Anglais ont établi des tableaux comparatifs qu'ils appellent *Index numbers*, et qui établissent la chose de la façon la plus formelle. Il ressort de ces tableaux : 1° que l'or comparé à l'agent vaut un peu plus du double qu'autrefois ; 2° que l'or comparé aux autres marchandises vaut en général un peu plus du double qu'autrefois ; 3° que l'argent comparé aux autres marchandises a en général la même valeur qu'autrefois.

Donc, disent les bi-métallistes, l'or a été apprécié puisque toutes les marchandises ont diminué de valeur et que l'argent qui est une monnaie a conservé la même valeur relative qu'autrefois avec la généralité des marchandises.

Non pas, répondent les monométallistes, ce n'est pas l'or qui a été apprécié, c'est l'argent qui a diminué de valeur comme le grand nombre des marchandises. La cause de l'avilissement de leur prix vient de leur abondance, suite des développements et des perfectionnements de l'outillage de l'industrie moderne.

Il ne parait pas que monométallistes ou bi-métallistes aient étudié la question à son véritable point de vue. Il ne faut pas comparer l'or ou l'argent aux marchandises, mais au travail dont la monnaie est le salaire; de sorte qu'il faut considérer l'or ou l'argent comme l'équivalent du travail, ou son actualisation.

Pour savoir donc si l'or a été apprécié, il faut chercher si la même pièce d'or représente plus de travail aujourd'hui qu'il y a vingt ans.

Ce n'est pas parce qu'avec la même pièce d'or on peut se procurer une plus grande quantité d'objets qu'il y a vingt ans que cette pièce d'or représente une plus grande somme de travail qu'il y a vingt ans, car il peut se faire que ces objets aient coûté moins de travail par le fait des progrès et des perfectionnements de l'outillage de l'industrie moderne.

A côté des machines il y a l'ouvrier qui les dirige et qui les règle. L'ouvrier peut se perfectionner et devenir un artist , mais la somme de travail qu'il peut faire dans une unité de temps et sans le secours des machines est la même aujourd'hui qu'il y a vingt ans, la même qu'elle fut à une époque quelconque du passé et sera a une époque quelconque de l'avenir.

Si, par impossible, cette somme de travail n'était pas la même, la différence entre le travail fourni actuellement dans une unité de temps et celui fourni à une autre époque, ne serait pas une cause d'erreur dans la question présente. Il faut qu'un ouvrier qui est dans les conditions normales gagne sa vie par son travail. Il le faut parce qu'il ne travaille que pour cela. D'ailleurs, les machines ne marchent et ne produisent qu'autant que l'ouvrier les fait marcher et produire. La machine est le serviteur, l'aide de l'ouvrier; elle ne produit qu'autant que celui-ci lui prête son intelli-

gence. De même qu'il est nécessaire de
donner à la machine le combustible pour
la faire marcher, de même il est nécessaire
et, par conséquent, de rigueur, au point de
vue de la justice stricte, de donner à l'ouvrier le pain de chaque jour, combustible
de cette machine admirable créée par Dieu
et qui s'appelle le corps humain. Par le
pain de chaque jour, il faut entendre ici le
nécessaire de la vie et, dans bien des cas
encore, le superflu.

De plus, parce que la machine ne doit
pas exister quand elle a vieilli et que l'ouvrier a le droit et le devoir de vivre quand
les ans lui ont enlevé sa vigueur première
et qu'il ne peut plus produire comme autrefois, il a le droit, dans ses années de
pleine production, de gagner le pain de
ses vieux jours et d'avoir une vieillesse à
l'abri du besoin, s'il n'a pas fait de dépenses exagérées dans ses années de travail.

Enfin, parce que la machine n'est qu'un
travail actualisé (le capital) et qu'il doit y
avoir proportion entre le travail actualisé
(le capital) et le travail avec lequel il pro-

duit (le travail de l'ouvrier), ce dernier a droit de participer aux bénéfices.

Dans la question présente il n'est donc d'aucune importance de savoir si l'ouvrier produit plus ou moins qu'autrefois, puisque aujourd'hui comme autrefois son salaire doit représenter les choses nécessaires à sa vie.

L'ouvrier gagne-t-il plus ou moins qu'autrefois? S'il gagne plus, l'or a été déprécié; s'il gagne moins, il a été apprécié, et s'il ne gagne ni plus ni moins, l'or n'a pas changé de valeur.

L'ouvrier gagne plus aujourd'hui qu'il y a vingt ans, c'est-à-dire qu'il met moins de temps aujourd'hui à gagner la même pièce d'or qu'il n'en mettait à cette époque. Toutefois, comme le salaire actuel d'une journée ne diffère pas, d'une manière bien sensible, du salaire d'il y a vingt ans, on peut affirmer, en pratique, que les salaires n'ont pas changé.

Si, aujourd'hui, l'ouvrier ne gagne pratiquement ni plus ni moins qu'aurefois, on doit conclure que l'or n'a pas changé de valeur.

Le raisonnement qui précède n'est vrai que pour les pays où l'équilibre n'est pas rompu entre la production et la consommation. Dans les pays où cet équilibre est rompu, comme cela existe en France à cause de la dette publique, du trop grand nombre de fonctionnaires, de leur inutilité, etc., l'ouvrier qui sent que son salaire n'est pas l'équivalent de son travail a une propension naturelle à faire grève pour rétablir l'équilibre rompu.

Il souffre du mal et il ne voit pas le remède, comme cela a été dit aux chapitres : *De la Rente, Production et Consommation, Du Socialisme*, etc.

En France, le salaire de l'ouvrier ne peut donc pas être l'étalon de la baisse ou de la hausse de l'or. Pour ce pays il faut considérer si, toutes choses égales d'ailleurs, une famille qui dépense les mêmes revenus qu'il y a vingt ans est plus ou moins prospère relativement aux autres familles qu'il y a vingt ans.

La différence, s'il y en a une, n'est pas bien sensible, d'où cette conclusion : que l'or n'a pas changé de valeur.

Les bi-métallistes affirment que l'abandon de la monnaie argent par les nations bi-métallistes a ruiné le commerce des pays monométallistes or avec les pays monométallistes argent. Cette mesure, disent-ils, a été également préjudiciable à toutes les nations : à l'Angleterre, puisque ce pays et en particulier le Landcastshire ne peut plus écouler ses cotonnades dans les Indes ; aux Indes, parce que cette nation est obligée de payer ses dettes en or, et qu'à cause de l'appréciation de ce métal, ce pays a vu augmenter sa dette de 100 %.

Il serait très facile de répondre, en retournant les termes de cette affirmation, que tout le monde a gagné à cette appréciation de l'or. Les Indes, parce que la cherté des cotonnades a forcé cette nation à établir des filatures de coton chez elle ; l'Angleterre, puisque cette puissance possesseur des rentes indiennes a vu ses revenus augmenter de 100 %.

Remarquons que dans toute opération exclusive de production, faite entre les hommes et susceptible de perte et de gain, il est puéril d'affirmer que tout le monde gagne à cette opération ou que tout le monde y perd. En pareilles circonstances, toutes les fois qu'il y a gain pour une partie, il y a perte pour l'autre ; le gain est toujours l'équivalent de la perte et réciproquement.

Dans la discussion présente, il est d'usage de prendre l'Angleterre comme le type de la nation monométalliste or et les Indes comme le type de la nation monométalliste argent. En me conformant à cet usage, je prie le lecteur de se souvenir que tout ce qui sera dit de l'Angleterre s'applique à toute nation monométalliste or ; et que tout ce qui sera dit des Indes, s'applique à toute nation monométalliste argent.

Il a été démontré que l'or n'a pas été apprécié, mais que l'argent a été déprécié. Cependant il est bon de prendre les deux hypothèses et de faire voir : 1° Que si l'or a été apprécié, cette appréciation n'a pas nui au commerce de l'Angleterre avec les Indes ; mais a augmenté la dette de l'Inde de 100 % ; 2° Que si l'argent a été déprécié cette dépréciation n'a pas nui au commerce de l'Angleterre avec les Indes, et n'a pas augmenté la dette de cette dernière nation.

1. Si l'or a été apprécié que gagnera en un jour un ouvrier fileur anglais? Il gagnera moins d'or qu'autrefois et en raison directe de son appréciation; c'est-à-dire que plus l'or aura de valeur et moins l'ouvrier en gagnera. L'Angleterre pourra toujours envoyer ses filés aux Indes et les céder à un prix moindre, proportionnellement à l'appréciation de l'or. L'indien qui n'a que de l'argent paiera la même somme en argent qu'autrefois, et cette somme représentera la quantité d'or pour laquelle le commerçant anglais pourra livrer ses marchandises; quantité d'or moindre que celle d'autrefois en raison même de son enchérissement.

Ce n'est donc pas à cause de l'appréciation de l'or que l'Inde ne fait plus venir ses cotonnades d'Angleterre, mais parce que quelques industriels anglais ou indiens ont établi des filatures aux Indes, et que, grâce à la modicité excessive du prix de la main-d'œuvre chez les indiens, ces filatures ont réussi à produire meilleur marché que celles d'Angleterre.

Il faut reconnaître que, dans l'hypothèse de l'appréciation de l'or, l'Inde aurait vu de ce chef sa dette augmenter et en raison directe de cette appréciation, soit actuellement 100 %, parce qu'il faudrait la même quantité d'or qu'autrefois pour le service de la dette, et que s'il valait le double, le service de la dette coûterait le double qu'autrefois. Cela ne serait pas particulier aux Indes, cela affecterait toutes les nations et toutes les dettes, les particulières aussi bien que les dettes publiques.

2. Dans l'hypothèse de la dépréciation de l'argent, hypothèse qui est la vraie, le commerce entre nations n'a pas souffert du chef de cette dépréciation.

Que gagnera un ouvrier anglais? Autant d'or qu'autrefois. Et un ouvrier indien? Le double qu'autrefois pour le même travail, puisque l'argent ne vaut que la moitié commeautrefois et qu'il est payé en argent. Il pourra donc payer toutes choses le double qu'autrefois, sans les payer plus cher. Il pourra donc payer les cotonnades anglaises en argent le double qu'autrefois, ce qui représentera pour l'ouvrier anglais autant d'or qu'autrefois. D'un autre côté, les productions de l'Inde pourront être payées le double en argent qu'autrefois, tout en n'étant payées par l'Angleterre que le même prix qu'autrefois. Pareillement en ce qui concerne la dette. L'Inde pourra percevoir le double d'impôts qu'autrefois pour son service et cela sans augmentations de charges pour les contribuables indiens; puisque ceux-ci produiront et gagneront le double en argent qu'autrefois.

Il semble résulter, de ce qui précède, qu'il serait bon : 1° Que toutes les nations du monde eussent le même métal monnayé et au même titre, et que les pièces divisionnaires fussent composées d'un métal de valeur insignifiante allié au métal monnayé duquel elles tireraient leur valeur; 2° Que l'or fut le métal monnayé parce qu'à poids égal il représente une valeur plus grande et est d'un moindre volume que l'argent, toutes choses qui sont très appréciables pour la facilité des transactions.

Tant qu'il n'en sera pas ainsi, on peut affirmer :

1° Que si quelques nations sont monométallistes or, et quelques autres monométallistes argent, il y aura pour les transactions entr'elles les inconvénients du change et pour les paiements à long terme chance de perte pour les créanciers payables en monnaie qui a chance d'être dépréciée ;

2° Que si toutes les nations étaient bimétallistes, il n'y aurait aucun inconvénient à condition que chaque nation eut soin de surveiller la frappe de sa monnaie, pour ne pas laisser un métal prendre, à l'exclusion de l'autre, les fonctions monétaires ;

3° Que si quelques nations sont bi-métallistes, quelques autres monométallistes or et quelques autres monométallistes argent, les nations bi-métallistes perdront chaque année un certain nombre de millions au profit des nations monométallistes qui auront pour monnaie le métal apprécié.

CHAPITRE XV

Du Socialisme.

A prendre le mot dans le premier sens qu'il offre à l'esprit, Socialisme semble vouloir dire science sociale, et socialiste celui qui s'occupe de la science sociale ou est partisan de son application à la société. Ce n'est pas dans ce sens que le mot est accepté. Socialisme veut dire empiètement de l'Etat sur les droits du citoyen, et socialiste, partisan de ces empiètements. De même qu'il y a des degrés dans ces empiètements, de même il y a des degrés dans le socialisme. Il va du socialisme le plus mitigé jusqu'à celui de Platon. Le premier veut que l'Etat s'occupe des déshérités et fasse quelque chose pour eux; l'autre veut que les citoyens mettent tout en commun, jusqu'aux femmes et aux enfants.

Il a été fait quelques essais de socialisme, aucun n'a réussi. On dit quelquefois

que les moines sont socialistes; on prend
alors le mot dans une acceptation différente. Les moines se retirent dans un cou-
vent pour prier et faire pénitence. Se priver
de tous les agréments et de tous les aises
de la vie, ne se nourrir que de pain et de
légumes cuits à l'eau, ou tout au plus à
l'huile, s'habiller pauvrement et sans aucune élégance : tels sont les usages des
moines. Si, par aventure, un socialiste de
marque prêchait de s'en tenir à la règle
monastique pour régénérer le monde, il
ferait bien peu d'adeptes. D'ailleurs, son
socialisme ne serait pas dangereux, parce
qu'il laisserait à ses non-adhérents le bien-
être et les richesses, et que c'est pour une
répartition plus équitable de la fortune que
les socialistes font campagne, du moins à
ce qu'ils disent.

Rappelons deux essais de socialisme. Ils
sont opposés par la profession doctrinale
de leurs membres, furent également malheureux, et font conclure, en pratique, au
rejet de cette doctrine.

Le premier essai fut fait quelque temps

après la mort de Notre-Seigneur Jésus-Christ. Les juifs de cette époque étaient ce que sont ceux de la nôtre et ce que furent et seront ceux de tous les temps : rapaces et esclaves des biens de ce monde. Ceux d'entre eux qui embrassèrent la foi chrétienne sentirent tout l'odieux de ce défaut de leur race.

Pour y remédier, ils vendirent leurs propriétés, en apportèrent le prix aux apôtres, y joignirent leurs salaires de chaque jour et vécurent sur le bien de la communauté. C'était du socialisme de l'espèce appelée communisme. Les biens communs étaient distribués avec un véritable esprit de justice, et on tenait compte des réclamations faites par les intéressés. Un jour, on crut s'apercevoir que les juifs — il reste toujours quelque chose des vieilles habitudes — donnaient plus abondamment à leurs veuves qu'aux étrangères. Plainte fut portée à Pierre et aux autres apôtres qui répondirent : « Nous ne pouvons pas nous en occuper nous-mêmes, obligés comme nous le sommes de prêcher et de prier. Choisissez parmi vous sept hommes irréprochables et nous les chargerons de ce soin. »

Les plaignants choisirent sept hommes, les apôtres leur imposèrent les mains et firent descendre sur eux le Saint-Esprit. Depuis il n'y eut plus de murmures parmi eux. Cependant, la misère vint les visiter. On fut obligé de faire des quêtes dans les églises naissantes pour empêcher de mourir de faim les membres de la commune de Jérusalem. Saint Paul dit aux Corinthiens, dans la première de ses Epîtres : « J'ai ordonné aux églises des Galates de faire des collectes ; faites en aussi. Que chacun mette, une fois par semaine, quelque chose de côté — ce qu'il voudra —. A mon arrivée nous réunirons les aumônes et vous choisirez vos délégués pour les faire parvenir à Jérusalem. » Pour encourager les Corinthiens à se montrer généreux, l'apôtre ajoute : « Si vos largesses en valent la peine je les porterai moi-même et vos délégués m'accompagneront. »

Le premier essai de communisme a donc été malheureux et a conduit ceux qui l'ont tenté à la misère.

Le résultat malheureux de leurs devanciers chrétiens n'empêcha pas un certain nombre de disciples de Fourier, qui étaient païens, de refaire l'expérience. Ils se réunirent à Clairvaux, sous la conduite du Père Enfantin, et mirent tout en commun, même les femmes dans le présent et les enfants dans l'avenir. Les membres de la commune avaient tous une même nourriture et des habits identiques. Seul, le Père Enfantin, qui représentait l'Eternel, portait une ceinture plus large, sur laquelle étaient peints les douze signes du zodiaque. Il avait aussi une barbe plus belle que la plupart de ses compagnons. Mais cette supériorité venait de la nature et n'était pas considérée comme offensante pour l'égalité. D'ailleurs, ses disciples et lui-même n'étaient pas fâchés de cette ressemblance avec l'Eternel, que les catholiques peignent toujours orné d'une barbe magnifique.

Le Père Enfantin avait réglé les choses avec beaucoup d'esprit et un véritable souci de l'égalité. Le travail etait considéré comme une récréation que chacun prenait quand cela lui faisait plaisir. Les dames se paraient, chacune à son tour, des joyaux de la communauté. On cirait ses souliers au son de la musique pour distraire agréablement et élever les âmes de ceux qui étaient obligés de descendre à cette occupation matérielle et humiliante. On peut juger par ces détails de ce qu'était la commune de Clairvaux ; elle dura peu. Le Père Enfantin, qui ne payait pas les dettes du phalanstère, fut mis à la porte par les huissiers. Il ne parvint pas, encore qu'il fût très éloquent, à faire comprendre à ces messieurs la différence qu'il y avait entre lui, le Père Enfantin, représentant de l'Éternel, et un simple propriétaire. Claivaux fut vendu et les actionnaires ou fournisseurs de cet essai de communisme perdirent un peu plus de trois millions.

Ainsi, les premiers chrétiens de Jérusalem qui firent, sans le vouloir, un essai de communisme, et un certain nombre de disciples de Fourier qui firent un essai semblable scientifiquement et de propos délibéré, ont établi que le communisme est pratiquement impossible.

Ce n'est pas seulement le communisme, mais toute espèce de socialisme qui est impossible en pratique. Tous les socialistes sont partisans de l'application de cette maxime : « Il faut que chacun produise autant qu'il peut et consomme selon ses besoins. Un pour tous, tous pour un. »

Telle est la maxime fondamentale du socialisme. Si un citoyen produit comme dix et qu'il ait besoin comme quinze, la société, qui en reçoit dix, lui donnera quinze. Et comme personne ne voudra, dans les échanges nécessaires à la vie, donner à aucun citoyen cinq en plus qu'il n'en recevra, la communauté se chargera de le faire.

Il est à peine nécessaire de dire que la chose est injuste. Obliger quelqu'un à produire pour les autres, sans qu'il en reçoive des produits équivalents, est une injustice. C'est en outre tarir la source de production. Le jour où le citoyen qui produit plus verrait qu'il ne reçoit pas autant de la société que celui qui produit moins, sous prétexte qu'il n'a pas autant de besoins, il diminuerait immédiatement sa production. Tout le monde en ferait autant, et bientôt la production deviendrait nulle. Il y aurait sur la terre, si on appliquait partout la doctrine socialiste, l'égalité la plus complète dans le dénuement. On peut dire, sans pouvoir être accusé de vouloir reculer jusqu'aux procédés moyenâgeux des privilèges, qu'on n'est pas partisan de cette espèce d'égalité.

Le socialisme le plus mitigé demande que l'Etat fasse quelque chose pour les ouvriers; le socialisme le plus radical demande que l'Etat prenne tout et pourvoie, aux besoins de chacun. Entre ces deux extrèmes, il y a une foule d'intermédiaires. Le grand nombre des socialistes a adopté cette formule : A chaque ouvrier son outil, ou, ce qui revient au même : La mine au mineur, l'usine à l'ouvrier, la terre au laboureur.

Nous allons montrer que toutes les formes du socialisme sont mauvaises.

Le socialisme le plus mitigé demande que l'Etat fasse quelque chose pour les ouvriers; par exemple, qu'il leur donne une pension après quarante ou cinquante ans de travail, de manière à ce que leur vieillesse soit honorable et à l'abri du besoin. Certaines nations ont admis la chose, et voici la combinaison qui a été adoptée. L'usine ou la mine retiennent chaque semaine une partie du salaire de l'ouvrier. Les actionnaires fournissent chaque année une somme proportionnelle aux retenues faites sur le salaire des ouvriers. L'Etat fournit lui-même une quote-part. L'argent versé est remis entre les mains de quelqu'un (l'Etat ordinairement), qui est chargé de faire valoir les capitaux et de fournir aux ouvriers parvenus à un certain âge une somme annuelle qui les met à l'abri du besoin.

Ainsi, les fonds de secours ont trois origines : 1° la retenue faite aux ouvriers. En retenant chaque semaine une certaine somme aux travailleurs, l'Etat commet une injustice, parce qu'il dispose de leur argent sans leur consentement. De plus, il s'occupe d'une chose qui ne le regarde pas;

il n'entre pas, en effet, dans ses attributions, de donner à manger et à boire aux
citoyens ;

2° La somme versée par les actionnaires.
Dire que ceux-ci font chaque semaine cadeau aux ouvriers d'une certaine somme
est une plaisanterie d'un goût douteux.
Que veulent en effet les actionnaires ?
Que l'argent placé dans telle ou telle entreprise rapporte un tant pour cent, et ils le
veulent, au point que lorsque cette condition ne se réalise pas, ils baissent le salaire
de l'ouvrier. Si donc ils versent à la caisse
des retraites, ils ne le font qu'après avoir
pris l'intérêt de leurs capitaux ; c'est-à-dire
qu'ils versent à cette caisse l'argent qu'ils
donneraient aux ouvriers s'ils n'étaient pas
forcés de lui donner une autre destination.
Donc l'argent versé par les patrons appartient de fait aux ouvriers et a les inconvénients de la retenue opérée sur leurs salaires et que je viens de signaler ;

3° La quote-part fournie par l'État. Celui-ci prend l'argent, pour fournir cette
quote-part, de l'impôt sa source unique

de revenus. Or, ou bien l'Etat donne aux ouvriers ce qu'il reçoit proportionnellement en plus de ceux-ci que des autres citoyens, et alors il devrait leur laisser cette partie de l'impôt qui, en étant prélevée sur eux en plus que sur les autres, est une injustice. « D'ailleurs, il ne la leur rend pas en entier, parce qu'il en reste quelque chose dans les mains du percepteur et dans celles de tous ceux qui manient cet argent, depuis son entrée dans les caisses de l'Etat jusqu'à sa sortie. En outre, cet argent rendu aux ouvriers, rentre dans la catégorie des sommes fournies à la caisse des retraites par les patrons des usines et est sujet aux mêmes inconvénients. » Ou bien l'Etat fait cadeau aux ouvriers de l'argent qu'il n'a pas pris en plus sur eux par l'impôt; mais alors il l'a pris sur la masse commune des citoyens, et en le donnant à quelques-uns il rentre dans la maxime socialiste : qu'il faut produire selon ses forces et consommer selon ses besoins, puisqu'il déplace en faveur de certains ouvriers la proportion qui doit existor entre la production et la consommation.

J'ai signalé comme un mal même, en dehors de son injustice, l'obligation faite aux ouvriers par l'Etat de faire partie d'une caisse de retraite. Cependant, on ne saurait blâmer les ouvriers ou les autres citoyens qui, en dehors de l'Etat, ou même avec son concours, pourvu qu'il ne soit pas financier, deviennent membres d'une caisse de retraites; car, dans cette hypothèse, ils n'y sont point forcés; l'argent qui servira à leur retraite est fourni par eux exclusivement; et ils ont le droit, dans les limites du permis, de faire de leur bien ce qui leur plait.

Cependant, ces caisses libres ont aussi des inconvénients. Elles peuvent déshabituer l'ouvrier de l'économie, sûr qu'il est d'avoir une retraite; et si, dans ce cas, il est libre et exempt de tout reproche d'injustice envers sa famille, cependant s'il a des enfants et qu'il ne se préoccupe pas de leur laisser un petit capital proportionné à sa faculté d'économie, il ne leur donne pas tous les témoignages d'affection que la nature demande.

De plus, parce que ce n'est que par le

capital que les fils d'ouvriers peuvent acquérir une certaine instruction, fonder eux-mêmes une industrie et devenir par leur science et leurs travaux des citoyens plus utiles (je dis plus utiles, parce que les ouvriers sont des citoyens utiles) à la patrie, celle-ci a intérêt à ce que les ouvriers acquièrent un petit capital et le lèguent à leurs enfants. Enfin, les enfants auront beaucoup plus de respect et d'affection pour leur père, s'il leur laisse, à sa mort, un petit pécule, fruit d'économies et peut-être de privations qu'il s'est imposées par amour pour eux.

Le socialisme bon teint, celui qui promet de faire le bonheur du peuple, est celui qui a pour maxime : « A chacun l'outil nécessaire pour son travail, la mine aux mineurs, l'usine à l'ouvrier, la terre au laboureur. » Dans quelques années, on s'étonnera qu'il ait fallu démontrer l'utopie de cette doctrine.

L'usine à l'ouvrier. (Le lecteur voudra bien se souvenir que ce qui va être dit de l'usine à l'ouvrier s'applique aussi à la doc-

trine de la mine aux mineurs.) Une usine
est un bâtiment plus ou moins considérable qui renferme un nombre plus ou
moins grand de machines qui servent aux
ouvriers pour la production. Ainsi, les éléments constitutifs de l'usine sont le bâtiment et les machines. Bâtiment et machines qui représentent, dans le plus grand
nombre des cas, un capital considérable, au
point qu'il dépasse presque toujours la fortune d'un particulier.

Dans le plus grand nombre des usines,
les travailleurs qu'elles occupent, s'ils en
étaient les propriétaires, possèderaient
de cent à cent cinquante mille francs
chacun. Tous ou presque préfèreraient
faire valoir leurs capitaux ailleurs que
dans l'usine. Dans cette hypothèse, ce
serait la ruine de l'industrie. De plus, en
admettant l'absurde, à savoir que l'industrie existerait encore : qui pourrait
devenir ouvrier d'une usine s'il fallait un
apport non pas de cent mille francs, mais
de deux ou trois cent mille? Peu de gens.
La majeure partie des citoyens arrivés à

l'âge d'être ouvriers seraient forcés de se croiser les bras et de mourir de faim.

Ainsi, c'est la classe pauvre, celle au bonheur de laquelle les socialistes affirment qu'ils consacrent leurs travaux et leurs efforts qui souffrirait le plus de cet état de choses.

Aussi un certain nombre de socialistes n'entendent pas l'axiome « l'usine à l'ouvrier » dans le sens cité plus haut. Ils disent : « Supposez que l'usine soit aux ouvriers; cela n'irait-il pas mieux? — Mais comment ferez-vous pour les en rendre propriétaires? — Ne vous inquiétez pas de cela, admettez le fait; cela n'irait-il pas mieux? »

Il semble, cependant, qu'il est bon de s'inquiéter de la manière dont l'usine deviendra la propriété de l'ouvrier (il est évident que ce qui est dit ici de l'usine doit s'appliquer aussi à la terre), car si le moyen de faire l'ouvrier propriétaire de l'usine est injuste, et il ne peut ne pas l'être, il est impossible, parce qu'il est défendu devant Dieu et devant les hommes. Quel est d'ailleurs celui qui se laissera dépouiller de son bien sans protester?

Je n'entends pas ici ce mot comme la majeure partie de ceux qui s'appellent conservateurs, probablement pas antiphrase, car ils ne savent rien conserver. Pour eux, protester consiste à se réunir pour entencre un beau discours sur l'injustice ou l'infamie de tel ou tel abus du pouvoir et pour prendre la résolution énergique de le subir. Pour le citoyen à qui l'on prendrait sa fortune, protester serait prendre le fusil et parler avec à ses spoliateurs. Parce qu'on ne peut rendre l'ouvrier propriétaire de l'usine que par l'injustice et la guerre civile; il est bon, il est même nécessaire de s'inquiéter comment il le deviendra.

Mais, enfin, supposez que l'usine est aux ouvriers. Cela n'irait-il pas mieux?

Certainement non et les socialistes sont de cet avis, puisqu'ils ont refusé l'offre de cet industriel anglais qui, sur trois de ses usines, leur en offrait une à leur choix pour faire l'essai pratique de leurs doctrines.

Une usine aux ouvriers comporterait
un nombre considérable d'employés inutiles, qui ne feraient aucun travail et prendraient plus aux travailleurs que la part
réservée aujourd'hui au capital. C'est là
un défaut inhérent à la nature humaine et
qui existera toujours.

Un autre défaut de l'usine aux ouvriers,
c'est qu'elle ne le serait que très peu de
temps. Si le lendemain que les ouvriers
sont devenus les propriétaires de l'usine il
faut une machine nouvelle, soit pour en
remplacer une déjà existante, soit à cause
d'un perfectionnement apporté aux machines spéciales à l'industrie de l'usine, qui
fournira la nouvelle machine? Ce ne sera
pas les ouvriers, parce qu'ils n'ont pas d'argent; ce sera les capitalistes, et voilà de
nouveau l'usine entre les mains des actionnaires. Il y aura une différence entre
les rapports du capital et du travail dans
cette usine et les rapports actuels du capital et du travail, mais elle sera toute en
faveur du capital. Les ouvriers seront obligés de fournir nécessairement les intérêts

du capital, ce qu'ils ne font pas toujours aujourd'hui. De plus, s'il y a chômage, l'huissier viendra et les mettra à la porte de l'usine.

A la vérité, on pourra déclarer l'usine insaisissable ; mais dans cette hypothèse, quand l'usine aura besoin d'une machine, quel est le capitaliste qui voudra fournir la somme nécessaire pour l'acquérir ?

Quelques socialistes répondent qu'il ne sera pas nécessaire d'avoir recours au capital pour l'acquisition des machines nouvelles ou pour les réparations à faire à l'usine. On retiendra chaque jour, sur le salaire des ouvriers, une somme proportionnelle à leur production, qui servira à réparer et acquérir les choses nécessaires à l'usine. Ce sera une espèce de fonds de réserve. Mais quelle différence y aura-t-il entre ce système et le système actuel au point de vue pratique ? Aujourd'hui on retient sur le salaire de l'ouvrier pour payer les intérêts des capitaux engagés dans l'usine. Demain, on retiendrait sur le salaire de l'ouvrier pour former le fonds de réserve ou le capital nécessaire à l'usine.

Comme cet argent ne rapporterait rien, puisque faire valoir l'argent est contraire à l'hypothèse socialiste dont nous nous occupons présentement, il faudrait retenir sur le salaire de l'ouvrier un peu plus qu'on n'en retient aujourd'hui pour le service des intérêts du capital engagé. Ce système rendrait l'ouvrier plus malheureux. De plus, dans cette hypothèse, les ouvriers auraient à craindre les caissiers qui font sauter la caisse : un mal qui prend aujourd'hui des proportions alarmantes. Si cela arrivait, comment feraient-ils pour acquérir ou réparer les machines de l'usine ? Ils ne le pourraient pas et leur industrie disparaîtrait. Pareillement, leur industrie disparaîtrait si une machine nouvelle leur était nécessaire, soit par suite de la réforme obligée d'une ancienne, soit par l'avènement d'une machine perfectionnée et qu'ils n'eussent pas les fonds nécessaires pour en faire l'acquisition.

C'est pour les raisons qui viennent d'être indiquées et pour bien d'autres encore que les socialistes font intervenir l'Etat. Celui-ci, propriétaire de toutes choses, fournirait à chacun les outils de son travail. Il a été démontré, en parlant du socialisme mitigé, combien il est pernicieux et injuste que l'Etat prenne sur ses ressources (l'impôt) pour fournir aux travailleurs même une partie des choses qui leur sont nécessaires. Ces argument valent *a fortiori* pour démontrer la fausseté de la doctrine : L'Etat, propriétaire de tout et fournissant à chacun les outils de son travail.

Ajoutons que, dans cette hypothèse, il n'y aurait plus dans l'Etat que des salariés. Or, il est nécessaire qu'il y ait dans l'Etat des employés. Et l'Etat, propriétaire de toutes choses, serait celui qui en aurait le plus besoin. Qui nommerait ces employés? Evidemment l'Etat, il se formerait sous peu une coterie toute-puissante, qui s'emparerait de tous les emplois, et qui traiterait les ouvriers en esclaves. Le rétablissement de l'esclavage est d'ailleurs le rêve de certains socialistes. Un d'entr'eux a même osé écrire : « Les sociétés ancien-

« nes n'étaient supérieures aux modernes
« que parce qu'elles étaient basées sur
« l'institution de l'esclavage ».

Il n'est pas besoin de faire remarquer
que l'esclavage moderne, fruit des théories
socialistes, serait bien plus insupportable
et bien plus inhumain que l'esclavage des
temps passés. Autrefois, l'esclave était la
propriété du maître et représentait un capital. Dans quelques circonstances particulières, le maître qui avait droit de vie et
de mort sur l'esclave pouvait le frapper ou
le faire périr dans les supplices les plus
atroces ou les plus humiliants; mais, pour
l'ordinaire, le maître tenait à conserver sa
chose, son capital, et l'esclave était traité
avec douceur et bienveillance; il pouvait se
racheter ou mériter d'être affranchi; après
avoir reçu la liberté, il portait encore le
nom de son maître et faisait partie de sa
famille, ce qu'il n'aurait pas accepté de
faire s'il avait été maltraité.

A Rome, un jour par an, les rôles étaient
renversés, le dernier esclave devenait pour
vingt-quatre heures le chef de la maison,

et le maître prenait sa place pour le même temps. En établissant cette coutume, les conquérants du monde n'avaient pas été inspirés par une pensée d'humanité; ils avaient voulu simplement montrer à l'esclave que chaque état social porte avec soi des fatigues et des peines.

Dans l'esclavage socialiste, l'esclave ne serait la propriété de personne; il serait pour ses exploiteurs une machine à production. Il recevrait pour son salaire beaucoup moins que l'ouvrier d'aujourd'hui, à cause du nombre considérable des employés inutiles qui vivraient des produits de l'usine. Il serait soumis à un travail plus pénible. Le fouet l'empêcherait de se révolter. Quand ses forces auraient diminué et qu'il ne pourrait plus produire, il serait mis dehors et mourrait de faim, car personne ne pourrait lui donner l'aumône.

Peut-être que le socialisme établirait des pensions de retraite pour les esclaves; mais il suffit de voir de quelle manière sont distribués aujourd'hui les biens des bureaux de bienfaisance et les divers secours accordés par l'Etat ou par les communes, pour savoir d'avance de quelle façon inique seraient distribuées les pensions de l'Etat socialiste.

En ce qui concerne les habitants des campagnes, certain socialisme a pour maxime : la terre au laboureur. Actuellement, l'homme le plus heureux est le paysan qui travaille lui-même ses terres. Il en a toujours été ainsi, et probablement il en sera toujours de même. Mais le bonheur du petit propriétaire vient de ce qu'il sait modérer ses désirs. Il ne connaît pas le luxe, et le peu qu'il a lui suffit; et parce qu'il le possède dans le calme et à l'abri des préoccupations du lendemain, il est heureux. Son bonheur ne vient pas de la possession mais de la manière dont il possède. Or, cette manière de posséder serait différente avec l'application de la doctrine socialiste : la terre au laboureur.

La première difficulté que rencontrerait la mise en pratique de ce système serait de fixer la quantité de terre que chaque laboureur peut travailler. La seconde serait dans l'égalité qu'il faudrait sans cesse établir entre le nombre de lots à attribuer et le nombre de laboureurs. Il faudrait chaque année augmenter ou diminuer la contenance de chaque lot. Dans le cas où l'on maintiendrait fixe la contenance de chaque lot, en laisser quelques-uns en friche certaines années, ce qui diminuerait la production et le bien-être général, et certaines autres années mettre les laboureurs en panne. Comment feraient-ils pour vivre durant ces années?

Ce système ne dit rien de la possession des ouvriers. Il y a dans les villes et les villages des ouvriers qui, en professant un métier, possèdent quelques lopins de terre. Faudra-t-il leur laisser ces terres ou les leur enlever? Si on les leur laisse, quelle sera la part de chaque citoyen? Pourra-t-il la faire travailler par un autre ? Pourra-t-il, s'il n'est pas favorisé du travail de son métier, posséder plus que son voisin? Quelle sera la contenance extrême permise à l'ouvrier? Pourra-t-il changer de métier et se faire laboureur? Tout autant de questions.

qu'il est difficile de résoudre et dont la solution conduirait à la tyrannie.

En outre, ce système comporterait immédiatement des visiteurs, des experts chimistes agricoles, des professeurs d'agriculture, des contrôleurs, des vérificateurs, des préposés aux réclamations, etc. Ce personnel socialiste ferait des ouvriers des champs ce que seraient ses frères de l'usine, des esclaves. Tous ces parasites prendraient sur le travail du laboureur beaucoup plus que ne prend aujourd'hui le propriétaire.

Cependant, le plus grave inconvénient de ce système de, la terre au laboureur serait de diminuer la production. Le laboureur qui ne serait plus stimulé par le désir d'agrandir son domaine produirait juste ce dont il aurait besoin pour vivre. D'ailleurs, s'il agissait autrement, le fisc viendrait lui prendre le surplus de sa production pour le personnel dont il a été parlé a l'alinéa précédent. La certitude qu'il aurait de ne pas laisser sa terre à ses descendants l'empêcherait de l'amender et lui enlèverait le goût de la tenir dans un bon état de culture. Il en résulterait que la terre rapporterait beaucoup moins qu'elle ne le fait actuellement. L'ère des famines, que les progrès de l'industrie semblaient avoir close pour jamais, règnerait encore longtemps parmi les hommes.

Ce serait une erreur de croire que la pratique démentirait ce qui vient d'être dit.

Un essai récent de socialisme vient d'être fait en Amérique. Il n'a pas réussi, et les causes de son insuccès sont celles qui viennent d'être signalées.

Voici ce que racontent les journaux à la date du 11 novembre 1899 :

« Au moment où ces expériences (socialistes) se multiplient, il n'est peut-être pas sans utilité de raconter ce qui vient de se passer en Amérique. L'histoire est la maîtresse des peuples.

« On a beaucoup parlé, il y a bien cinq ans, d'une institution socialiste érigée à Jellow-Creeck, dans le Tannessee (États-Unis) et qui s'appelait Ruskin-Collège, du nom de son fondateur Jean Ruskin.

« Le fondateur était riche, et il y dépensa sa fortune. L'institution possédait des terres en abondance, avait de nombreux instruments de travail et tout ce qui pouvait assurer l'exploitation agricole de la colonie, car c'était le genre d'industrie pour lequel elle avait été fondée. C'était, en effet, ce qui pouvait donner rapidement des produits plus facilement rémunérateurs.

« Les bras ne manquaient pas ; on fit venir des agriculteurs de tous les comtés de l'union ; avec eux, on recruta des hommes habiles dans divers corps de métiers pour que la colonie pût se suffire à elle-même sans être obligée de demander la coopération étrangère, qui aurait diminué le profit. Le salaire, selon le principe socialiste, était le même pour tous les colons, quel que fût le genre de travail auquel ils étaient appliqués et tous travaillaient le même nombre d'heures par jour.

« Mais il arriva ce qui devait nécessairement se produire.

« Les ouvriers les plus habiles ne pouvaient point supporter d'être traités sur le pied de ceux qui l'étaient moins et ne produisaient point dans le même nombre d'heures la même somme de travail. Ils demandaient donc un salaire plus rémunérateur. Il leur fut accordé; mais par voie de conséquence naturelle, ceux qui leur étaient inférieurs comme production, réclamèrent l'égalité des salaires, qu'en vertu des principes socialistes on ne pouvait leur refuser. Il s'ensuivit que si le salaire était juste pour les premiers, il était exagéré pour les seconds et ne correspondait plus au travail fourni.

« Mise sur cette voie, l'institution devait aboutir à la faillite et elle y arriva vite. Le mois dernier, on a vendu au plus offrant 1784 hectares de terre, ses maisons, ses instruments de travail et tout ce qui constituait son patrimoine.

« Le Ruskin-Collège a vécu et de cette expérience, faite dans des conditions que l'on retrouvera rarement aussi favorables, il ne reste plus qu'une nouvelle preuve de l'impuissance du socialisme à devenir la règle d'une société. »

On pourrait aussi décider que les terres appartiendraient à l'Etat et qu'elles seraient affermées pour un certain laps de temps au plus offrant et dernier enchérisseur. Si la ferme ne trouvait pas preneur, elle serait mise en régie. Si l'on veut entrer dans une mairie quelconque, depuis celle du plus modeste village jusqu'à celle des plus grandes villes, on verra ce que valent les fermes et régies des communes. Elles ont la même valeur que celles de l'Etat. Il ne sera pas fait au lecteur l'injure de lui démontrer que ce système remplacerait les propriétaires actuels par les propriétaires du gouvernement. Les fermiers déclareraient qu'ils ne peuvent payer leur ferme et tout serait dit. Et comme pour faire voir qu'ils ne peuvent pas payer leur ferme, il faudrait diminuer la production. Le fermier ne ferait rapporter aux terres que le nécessaire aux besoins des siens. Cette hypothèse, comme on voit, conduit sûrement à la famine.

On doit conclure de ce qui précède que toute espèce de socialisme, depuis le plus mitigé jusqu'au communisme, est toujours injuste, nuisible et dans la plupart des cas impossible en pratique. Mais, alors même que le socialisme serait un état social plus avantageux pour les citoyens qu'aucun autre, personne n'aurait le droit de l'imposer à ceux qui ne voudraient pas l'accepter. Car, le socialisme c'est la négation de la personnalité humaine. La personnalité humaine, c'est l'homme dans son être et dans les modifications de son être, qui sont les produits du commerce et de l'industrie. De même que l'homme a droit de faire ce qui lui plaît de son être, de même il a le droit de faire ce qu'il lui plaît des produits de son travail qui sont les modifications de son être. Vouloir, sous quelque prétexte que ce soit, lui enlever ce droit, c'est vouloir lui enlever sa dignité d'homme et le mettre au rang des animaux.

CHAPITRE XVI

Causes et Remèdes du Socialisme.

Les socialistes assurent que le socialisme a pour cause les misères du peuple ; et pour but d'y remédier, il a été démontré, dans le chapitre précédent, que le socialisme conduit directement à la misère. Or, établir ici-bas le règne de la misère et de la non production n'est pas réformer les injustices sociales, ni faire le bonheur de la société. Au point de vue social, la misère des citoyens n'a qu'une cause unique : la rupture de l'égalité entre ce que chacun donne à la société et ce qu'il en reçoit, ou, ce qui revient au même, la rupture de l'égalité entre la production et la consommation.

Quelques utopistes et les ambitieux qui considèrent le pouvoir comme un instrument de domination, en même temps qu'un moyen de se procurer toutes les jouissances matérielles de la vie, flattent le peuple, lui promette au delà de ce qu'il peut avoir, parce que la production générale ne lui permettra jamais de le posséder, président aux révolutions, fuient si elles échouent, et si elles les portent au pouvoir font fusiller ceux qui les ont faites, pour rassurer les citoyens. L'histoire des révolutions, ce martyrologe des peuples, nous montre ce que valent ces hommes qui prêchent la doctrine de la consommation plus grande que celle de la production; elle nous apprend que ces réformateurs, ces amis du peuple, se font un jeu de la vie de leurs semblables, et imposent aux travailleurs un joug plus dur que celui qu'ils portaient auparavant.

De ce qu'il y a toujours eu de ces hommes néfastes et scandaleux, nous pouvons conclure qu'il y en aura toujours. On doit cependant chercher a en diminuer le nombre en inculquant à la jeunesse les sentiments du devoir et de la crainte de Dieu; malheureusement tel n'est pas le but de l'éducation moderne et il est probable que le nombre des ambitieux pervers augmentera au lieu de diminuer. Toutefois, leur action serait moins néfaste si les citoyens étaient éclairés et pouvaient se rendre compte qu'il n'est pas possible à un pays de consommer plus qu'il ne produit. Il appartient aux patriotes capables et vertueux d'instruire le peuple; et à tous ceux qui ont souci de la chose publique d'unir leurs efforts pour le triomphe de la justice et de l'équité sociales.

La rupture de l'égalité entre la production et la consommation est la base même du socialisme et la cause unique, au point de vue social, de la misère du peuple. De sorte qu'au lieu d'être un remède aux maux de la société, le socialisme en est la cause, et c'est parce que l'État moderne a adopté, en partie, les doctrines socialistes que les citoyens se trouvent dans la gêne et le dénuement.

Il est curieux et triste à la fois de constater que le pouvoir qui combat le socialisme fait des lois qui ne sont que l'application de ses doctrines. Quand les législateurs ont voté une de ces lois nouvelles, les socialistes triomphent bruyamment. Il semblerait que leur joie devrait avertir les législateurs qu'ils viennent de se tromper; mais il n'en est rien et ces pauvres inconscients, voteront demain une nouvelle loi socialiste, sans voir qu'ils travaillent à la ruine de leur patrie.

Toutes les fois que l'État fait une dépense pour une chose qui n'entre pas dans ses attributions, il a grande chance d'être socialiste. Ainsi, l'État instituteur est socialiste; il l'est encore en donnant des primes à certaines industries; en ayant à sa charge les hôpitaux et les bureaux de bienfaisance, en alimentant les caisses de retraite ou contre les accidents, et en général toutes les fois qu'il subventionne les services appelés gratuits.

Il y a toujours eu, il y a surtout depuis quelque temps des hommes riches qui passent leur vie dans le plaisir et dans l'oisiveté. Dieu, qui leur avait donné les biens de ce monde pour le soulagement de leurs frères malheureux, ne peut pas approuver l'usage qu'ils en font. Il les punira de leur conduite coupable qui est une des causes du socialisme.

Il y a des industriels qui élèvent en peu de temps des fortunes colossales, pendant que leurs ouvriers ont un salaire moins rémunérateur que ceux des industries semblables. Une partie de cette fortune aurait dû être donnée aux ouvriers, si les rapports du capital et du travail avaient été réglés équitablement. Il n'est pas rare que ces industriels ne deviennent des fils à papa après avoir mis leurs usines en actions. Dieu enverra le socialisme pour détruire ces fortunes si mal amassées et si misérablement dépensées.

L'usure est aussi une des causes du socialisme. Aujourd'hui l'usure s'appelle banque, et dans la presque totalité des cas, banque juive. La fortune du plus grand nombre des banquiers a une origine détestable. A l'aide des journaux, les financiers (la haute banque) font souscrire des valeurs qui ne valent rien. Ils mettent l'argent des ouvriers, des domestiques, de la petite épargne dans leurs caisses et donnent en échange aux malheureux des titres qui ne rapportent jamais rien. Quand le financier n'a plus aucun titre à vendre, la valeur émise fait banqueroute. Cela est très grave, mais ce qui est plus grave encore, ce sont les conséquences de la banqueroute, du côté des pauvres gens qu'elle a ruinés. Quelques-uns de ces malheureux sont réduits à demander l'aumône et meurent de faim, de fatigues ou de privations; d'autres oublient leur dignité humaine et traînent une existence ignominieuse dans la débauche et le désespoir; d'autres encore, à l'annonce de la perte de leur fortune, trouvent trop lourd pour leurs épaules le fardeau de la vie, et y mettent fin par le suicide.

La Providence a buriné sur l'or du banquier, les peines, les larmes, les privations, les souffrances et la mort des malheureux. Cet or est maudit. Si l'État n'en punit pas les coupables détenteurs, le socialisme, fléau de Dieu, dispersera cet or après l'avoir lavé dans le sang.

Pour combattre efficacement le socialisme, il faut en détruire les causes.

La cause efficiente du socialisme est : la rupture entre la production et la consommation. L'Etat entretient en grande partie cette rupture, soit en ayant un trop grand nombre de fonctionnaires pour les choses dont il doit avoir soin, soit en s'occupant de choses qui n'entrent pas dans sa sphère. Dans le cours de ce livre, les errements de l'Etat sont signalés, et leurs remèdes indiqués. Il est inutile d'en parler plus au long à cet endroit.

Il appartient aux hommes qui ne vivent que pour le plaisir, de donner un autre but à leur existence. La nation a intérêt à ce que cette race de gens inutiles disparaisse. Que surtout ceux qui sont chargés de l'éducation des jeunes gens, leur fassent comprendre, combien il est injuste au point de vue social, de vivre du travail des autres, sans travailler soi-même pour eux.

L'Etat, qui s'occupe de tant de choses qui n'entrent pas dans ses attributions, devrait prendre en mains la cause de la justice, et empêcher les banquiers de drainer la petite épargne par le vol. Enfin, tous les hommes devraient s'efforcer d'amener une entente entre le capital et le travail.

J'ai dit dans le chapitre précédent, et je suis amené à le redire ici, que le capital n'est pas autre chose que le travail actualisé, c'est-à-dire un produit existant du travail, produit qui a pour but de faciliter ou d'augmenter la production, et dans la plupart des cas l'un et l'autre. Si donc le capital concourt à la production, il a droit à une partie de celle-ci, et cette partie devra être proportionnelle au concours apporté.

Quand l'homme et la machine travaillent ensemble, le produit de leur travail doit être suffisant pour faire vivre l'homme et pour rapporter un intérêt du capital représenté par la machine. Si l'une de ces deux conditions n'était pas remplie, le travail fait en commun cesserait nécessairement.

L'équité semble demander : 1º que les actionnaires qui ont fourni la machine ne tirent pas un intérêt trop considérable des capitaux engagés ; 2º que les ouvriers vivent avec toute l'aisance possible du produit de leurs travaux. La solution qui consiste a faire participer l'ouvrier aux bénéfices, et qui est adoptée par un certain nombre de grands industriels, paraît être de nos jours la plus satisfaisante. On ne saurait trop la recommander à ceux qui veulent établir des rapports amicaux entre le capital et le travail.

L'ouvrier aura intérêt à produire davantage et à prolonger la durée des machines. Chaque année, à l'époque fixée pour la répartition, il touchera la petite somme qui représentera sa part dans les bénéfices. Cet argent lui semblera donné, comme il dit dans son pittoresque langage. Il sera encouragé à faire des économies et à acquérir un petit capital qui mettra sa vieillesse à l'abri du besoin et lui permettra de laisser à ses enfants une position plus avantageuse que celle qu'il eut lui-même et qui pourra leur permettre de devenir chefs d'usine. La participation aux bénéfices a tant d'avantages, qu'il semblerait préférable que l'ouvrier gagnât un peu moins chaque jour et qu'il eût une part proportionnellement plus forte à la répartition.

Un moyen très efficace de combattre le socialime, c'est la protection des petites industries. Les grandes usines ont aujourd'hui presque entièrement détruit les petites et les grands magasins sont sur le point de détruire le petit commerce. Celui-ci peut se défendre aisément par le Syndicat. Le grand magasin vend meilleur marché que le petit, parce qu'il achète meilleur marché; et il achète meilleur marché parce qu'il achète par grandes quantités et au comptant. C'est là le seul motif qui permet au grand magasin de vendre meilleur marché.

On dit quelquefois que le grand magasin a proportionnellement des frais généraux moindres que le petit. Cette assertion est inexacte en ce sens que par mètre carré de surface occupée, les grands magasins du Louvre ou du Bon-Marché ont plus de frais que le petit magasin similaire de Paris, et, à plus forte raison de province; elle est vraie en ce sens que ces magasins, à cause du nombre de leurs affaires, peuvent se contenter d'un plus petit bénéfice sur chaque objet vendu. Mais si le petit commerçant achetait au même prix que les grands magasins, il pourrait vendre proportionnellement autant d'objets et se contenter de prendre sur chacun d'eux un bénéfice moindre que celui que sont obligés de prendre actuellement les grands magasins. Pour vivre et prospérer, le petit commerce n'a donc qu'à résoudre cette question : Acheter au même prix que les grands magasins.

Ce qui permet aux grands magasins d'acheter meilleur marché, c'est qu'ils achètent en grandes quantités et au comptant. Si les petits magasins se syndiquaient, ils pourraient acheter en quantités plus considérables que les grands et aux mêmes prix. La chose est facile et il semble que sa réalisation ne doive être qu'une question de temps.

Il n'en est pas de même pour la petite usine. Elle produit proportionnellement moins que la grande, quoique son outillage

et l'entretien qu'il nécessite soient proportionnellement plus élevés. Jusqu'ici, le progrès a favorisé sa rivale, et le jour de sa
disparition semble prochain. Qui sait si
demain une nouvelle machine ne favori-
sera pas la petite usine et ne lui donnera
pas même la préséance sur la grande? Ce
serait un véritable bienfait, si chaque village pouvait avoir sa petite usine, ou,
mieux encore, ses petites usines. Le bien-
être serait plus uniformément répandent le
peuple en serait plus heureux. C'est aux ingénieurs et à tous ceux qui s'occupent de
l'application des sciences à l'industrie,
qu'il appartient de résoudre ce problème.
Que l'effort de leurs travaux tende surtout à créer une petite machine qui produise aussi bien et proportionnellement
meilleur marché que la grande. S'ils y
parviennent, ils auront bien mérité de la
patrie.

CHAPITRE XVII

Des Machines.

Au point de vue particulier qui nous occupe, la machine est l'aide de l'homme
pour la production des choses dont il se
sert.

L'homme ne peut rien produire sans le
concours de la machine.

La machine ne peut rien produire sans le
concours de l'homme.

L'homme, considéré au point de vue de
la production, n'est lui-même qu'une machine.

Sa supériorité comme machine, soit sur
les machines vivantes (les animaux), soit
sur les machines qui sortent de ses mains,
c'est qu'il est une machine intelligente. Sa
supériorité encore et celle-ci est la plus
excellente, c'est que toutes les autres ma-
chines travaillent pour lui, et que, s'il travaille pour les autres, ce n'est que pour les

mettre en état de produire pour lui, à qui reviennent de droit et exclusivement en dernier ressort les produits de toutes les machines.

Son infériorité, c'est qu'il n'a pas la force matérielle de la plupart des machines. Son infériorité encore, et celle-ci est lamentable, c'est qu'il fait servir un certain nombre de ses machines à sa propre destruction.

Si la machine, en général, est nécessaire pour la production d'un objet; en particulier, presque aucune machine n'est nécessaire, parce qu'il n'y a presque pas de machine qui ne puisse être remplacée par une autre pour la production du même objet.

Quand l'homme fabrique une machine qui produit plus ou mieux que l'ancienne, celle-ci est délaissée, et la machine nouvelle remplace l'ancienne. C'est un progrès matériel. Les machines nouvelles et les perfectionnements apportés aux anciennes ont constitué les progrès matériels de notre siècle qui, à ce point de vue, a dépassé tous ses devanciers.

A l'apparition d'une machine nouvelle,

un certain nombre d'ouvriers qui produisaient avec des machines moins parfaites les mêmes objets que la nouvelle, sont obligés de cesser leur travail, parce que désormais il ne serait plus assez rémunérateur pour leur fournir les choses nécessaires à la vie.

L'apparition d'une machine nouvelle a donc ordinairement un double résultat : 1° augmenter la production; 2° obliger un certain nombre d'ouvriers à chercher ailleurs du travail, quelquefois dans un genre d'occupations auxquelles ils sont totalement étrangers. Un certain nombre d'ouvriers remplacés par la machine nouvelle, ne savent pas ou ne peuvent pas trouver une autre occupation et tombent dans la détresse et le dénuement.

La machine nouvelle n'est admise que parce qu'elle produit plus ou mieux que l'ancienne. A production égale, la machine nouvelle consomme moins que celle qu'elle remplace. La machine nouvelle est un bienfait pour l'humanité en général, parce qu'elle met à l'usage des hommes plus d'objets qu'il n'y en avait avant son apparition.

Il n'en reste pas moins incontestable qu'un certain nombre d'ouvriers souffront de l'apparition des machines. Cette souffrance ne s'étend qu'à une génération; les fils de ces ouvriers prennent un autre genre de travail.

D'ailleurs, c'est une loi universelle que tout progrès doit s'acheter par la souffrance.

Toutefois le progrès marche toujours, les souffrances disparaissent, et les hommes profitent chaque jour davantage des productions plus abondantes des machines.

Cependant un grand nombre d'ouvriers détestent les machines, et la plupart des citoyens se joignent à eux pour déplorer les perfectionnements perpétuels de l'outillage, qui n'en sont pas moins un véritable progrès.

En somme, l'inconvénient qu'ont les machines nouvelles de mettre momentanément dans la gène et le dénuement un certain nombre d'ouvriers, est compensé et bien au delà, par les avantages qu'en retirent la plupart des hommes.

Demandez à quelqu'un qui se souvient d'il y a cinquante ans, si l'on vit mieux aujourd'hui qu'à cette époque? Sa réponse sera qu'on vit beaucoup mieux, que chaque citoyen consomme davantage; qu'il y a des choses qui étaient inconnues à cette époque et dont on se sert aujourd'hui un peu partout, etc. Il ne sera fait à personne l'injure de lui démontrer que nous ne devons pas le bien-être actuel à notre forme de gouvernement. Celle-ci n'entre pour rien dans la production des choses nécessaires à la vie. D'ailleurs, les Anglais, les Allemands et les Russes ont dans ces derniers temps augmenté proportionnellement plus que nous leur bien-être matériel; pas plus que nous ils ne doivent ces progrès à la forme respective de leurs gouvernements.

On reproche aux machines : 1º de rompre le rapport qu'il doit y avoir entre la production et la consommation ; 2º de produire plus qu'il n'est nécessaire pour la consommation et d'avilir les prix. Aucun de ses reproches n'est fondé ;

1° Le premier reproche n'est pas fondé ; car ce ne sont pas les machines qui ont rompu l'équilibre entre la production et la consommation, mais l'État : l'État emprunteur et l'État factotum qui entretient une nuée de fonctionnaires qui consomment sans produire. Ce serait déshonorer le mot production que de l'appliquer aux tracasseries vexatoires, mesquines et tyranniques du grand nombre des fonctionnaires de l'État qui s'occupent de choses qui n'entrent en aucune façon dans son domaine.

Si une industrie rapportait proportionnellement plus que les autres industries, tous les industriels l'exerceraient bientôt et la concurrence ferait sans peine, en très peu de temps, que cette industrie ne rapporterait pas plus que les autres. Pareillement, si un métier rapportait proportionnellement plus que les autres, tous les ouvriers l'exerceraient et la concurrence ferait qu'en très peu de temps ce métier ne rapporterait pas plus que les autres.

D'ailleurs, toutes les industries et tous

les ouvriers se plaignent. C'est que sans voir clairement d'où vient le mal, les citoyens sentent qu'il n'y a plus proportion entre ce qu'ils donnent à la société et ce qu'ils en reçoivent. Le mal, on ne saurait trop le répéter, ne vient pas des machines, mais de l'Etat, qui a des dettes et trop de fonctionnaires.

2° Le second reproche n'est pas plus fondé que le premier. Les machines ne produisent pas plus qu'il n'est nécessaire pour la consommation et n'avilissent pas les prix.

Il n'y a pas, en effet, surproduction ou superproduction, comme disent les économistes, surproduction ou superproduction veulent dire production plus grande, qu'il n'est nécessaire pour les besoins de la consommation. (Nous ne sommes pas assez nombreux pour manger, boire et user tous les produits de la terre et de l'industrie.)

Je prie celui qui croirait que nous sommes à une époque de surproduction d'arrêter le premier citoyen venu et de lui faire cette demande : « Ne manque-t-il rien à votre bien-être ? »

Si le citoyen interrogé est riche, il répondra qu'il lui manque des tableaux, des meubles et des habits précieux ; il ajoutera que son château ou son hôtel aurait besoin de réparations qui lui paraissent urgentes. S'il ne se procure pas toutes ces choses, ce n'est pas qu'il ne sente combien elles lui seraient nécessaires, mais il n'a pas assez d'argent. Ce n'est donc pas faute de besoins que le citoyen riche ne consomme pas davantage ; c'est parce qu'il manque d'argent.

Si le citoyen interrogé est pauvre, il ne répondra pas qu'il manque de meubles précieux, d'habits magnifiques ou de demeure somptueuse ; il n'ose pas même souhaiter ces choses. Mais il dira qu'il voudrait une nourriture plus substantielle pour sa famille : peut-être qu'il ajoutera : (Et si le citoyen pauvre est laborieux, ce sera une honte pour la société en même temps qu'une injustice contre ce citoyen) qu'il souhaiterait une nourriture plus abondante pour les petits. Après cela, il n'aura pas besoin de dire qu'il manque d'habits et que l'hiver se fait cruellement sentir à la maison. Ce citoyen consomme-t-il tout ce dont il aurait besoin ? Et si personne, ni riche ni pauvre, ne consomme tout ce qu'il consommerait s'il avait le moyen de se le procurer; peut-on dire qu'il y a sur-production ?

Enfin, les machines n'avilissent pas les prix. Avilir le prix d'une marchandise, c'est obliger de la vendre au-dessous de son prix de revient. Aucune machine ne fait qu'un objet fabriqué est vendu au-dessous de son prix de revient. S'il en était ainsi, les actionnaires de l'usine feraient cesser le travail. C'est à la suite de coups de bourse et de manœuvres maudites, dont seuls les juifs et ceux qui leur ressemblent sont capables, qu'il arrive quelquefois que certains objets sont vendus au-dessous de leur prix de revient. Cela met l'industrie dans le malaise et le marasme. Quand, par malheur, cette situation dure trop, l'usine se ferme parce que depuis longtemps elle ne faisait plus ses frais et qu'elle est arrivée au bout de son crédit.

Cependant, il est incontestable que quand une machine nouvelle fabrique un objet plus rapidement et mieux que les anciennes, celles-ci sont obligées de cesser leur production. Mais ce n'est pas à cause de l'avilissement des prix, car les prix ne sont avilis que par rapport aux machines anciennes, mais à cause du progrès dans la production.

Ainsi, plus il y a de machines et plus chaque citoyen a de choses dont il peut se servir. Notre époque a été à ce point de vue une époque de grands progrès. L'homme peut entrevoir le jour où il sera véritablement le roi de la nature, comme il le devait être dès le commencement, d'après les desseins de Dieu. Il y aura bientôt vingt siècles, le nouvel Adam naquit dans une bourgade de la Judée; il mourut, jeune encore, sur une croix, pour rendre aux hommes l'amitié de Dieu et leur royauté première. Depuis près de vingt siècles, le sang du Sauveur coule chaque jour sur les autels et chaque jour ce sang intercède pour les hommes auprès de Dieu et leur obtient une partie de la puissance perdue. Déjà, l'homme façonne les métaux au gré de ses besoins ou de ses caprices. La mer respecte ses vaisseaux qui ne sont plus le jouet de la tempête. Il marche avec une rapidité si grande, que ses pères n'auraient pas même osé la rêver. Sa voix, plus puissante que celle des grandes eaux, se fait entendre à des distances que les éclats courroucés du tonnerre sont incapables de franchir. Il emprunte toute la rapidité de la foudre pour transmettre sa pensée. Il éclaire ses cités avec une abondance de lumière qui rappelle le milieu du jour. Hier, ses yeux ne percevaient que les vibrations de l'éther, demain, ils percevront celles de tous les corps. Demain, l'homme visitera les profondeurs de l'Océan; demain, il se promènera dans les airs, sans craindre les orages ou les autres variateurs de l'atmosphère; demain, le sacrifice du calvaire sera surtout un sacrifice d'actions de grâce que l'homme, roi de la terre, offrira au Seigneur des cieux, pour le remercier de lui avoir rendu cette royauté que le Tout puis sant lui avait donné aux premiers jours, comme il s'y était engagé par ces paroles divines : *Faciamus hominem ad imaginem et similitudinem nostram, et præsit piscibus maris, et volatibus cœli, et bestiis, universæque terræ, omnique reptile quod movetur in terra.* (Gen., I, XXVI.)

TABLE DES MATIÈRES

Toulouse. — Imprimerie Lagarde et Sebille, rue Romiguières, 3.